Michael Gienger, Gisela Glaser

SALZ

Michael Gienger · Gisela Glaser

SALZ

Nahrungsmittel,
Heilmittel
oder Gift?

Über den richtigen Umgang
mit einer lebensnotwendigen Substanz

NEUE ERDE

Hinweis des Verlages

Die Angaben in diesem Buch sind nach bestem Wissen und Gewissen zusammengestellt, und die beschriebenen Heilwirkungen des Salzes wurden vielfach erprobt. Da Menschen aber unterschiedlich reagieren, können der Verlag und die Autoren im Einzelfall keine Garantie für die Wirksamkeit oder Unbedenklichkeit der Anwendungen übernehmen. Bei ernsthaften gesundhitlichen Beschwerden wenden Sie sich bitte an Ihren Arzt oder Heilpraktiker.

Stellungnahme des Verlages:
Warum wir an der »alten« Rechtschreibung festhalten

Wir halten die »neue« Rechtschreibung für eine Fehlgeburt, und das konnte auch gar nicht anders sein, weil der Ansatz der Reformer war, das Schreiben einfacher zu machen. Wir als Verlag veröffentlichen unsere Bücher aber für Sie, liebe Leserin/lieber Leser – Sie sollen es als Leser einfach haben. Das Lesen und das Verständnis ist bei vielen Regeln der »alten« Rechtschreibung einfacher und klarer. (Denken Sie nur einmal, daß nach der neuen Rechtschreibung, zwei Autoren kein Buch mehr zusammenschreiben können, es hieße dann immer, sie hätten es zusammen geschrieben, auch wenn sie es zusammengeschrieben haben.) Im übrigen sind die neuen Regeln nun auch nicht eben frei von Widersprüchen. Auf Wunsch senden wir Ihnen gerne ein ausführliches Info mit den wichtigsten Ungereimtheiten am »Neuschrieb«.

2 3 4 5 6 7 8 9 10 11 12 13 14 15 10 09 08 07 06 05 04 03

Salz
Michael Gienger und Gisela Glaser
mit Fotos von Ines Blersch

© Neue Erde Verlag GmbH 2003. Alle Rechte vorbehalten.

Titelseite
Foto: Ines Blersch
Gestaltung: Dragon Design, GB

Satz und Grafiken :
Dragon Design, GB; gesetzt aus der News Gothic

Gesamtherstellung : Legoprint, Lavis (TN)

Printed in Italy

ISBN 3-89060-060-3

Neue Erde Verlag GmbH · Cecilienstr. 29
66111 Saarbrücken · Deutschland · Planet Erde
www.neueerde.de

Inhalt

Die Dosis macht das Gift

oder: Ist Salz nun gut oder schlecht?

Ohne Salz gäbe es kein Leben, wie wir es kennen! Keine lebende Zelle, kein Organismus kommt ohne Salz aus. Und doch beträgt die tödliche Dosis für einen Erwachsenen nur 30 Gramm. Ist Salz also ein lebensnotwendiger – Giftstoff? Kann es schaden, kann es nützen, kann es heilen?

Die Urteile über das Salz fallen – je nach vorherrschendem Trend – höchst unterschiedlich aus: Noch vor wenigen Jahren wurde es verteufelt. Natrium, welches gemeinsam mit Chlor unser Salz (»Natriumchlorid«) bildet, wurde damals zu *dem* Übeltäter bei Bluthochdruck und anderen Beschwerden hochstilisiert. In der Folge wurde beim Mineralwasserkauf heftig um jedes Milligramm Natrium gefeilscht, während die Frühstückseier weiterhin kräftig gesalzen wurden.

Heute ist Salz plötzlich das Heilmittel gegen alles. Ein Löffel Sole (der – immerhin – 780 Milligramm Salz enthält!) am Morgen vertreibt Kummer und Sorgen, scheint die Devise. Allergien, Erkältungen, Verdauungsbeschwerden, Stoffwechselstörungen, Frauenleiden, Erkrankungen von Herz, Kreislauf, Nieren, Blase usw. – alles scheint plötzlich mit Salz kurierbar zu sein.

Der Laie staunt, der Fachmann wundert sich! Wie kann ein und derselbe Stoff einmal Gift und ein andermal Heilmittel sein? Im Grunde ganz einfach: »Die Dosis macht das Gift!« erkannte schon Paracelsus. Es kommt auf das richtige Maß an. Und genau hier werden die meisten Fehler gemacht. Viel mehr als die Herkunft (ob aus dem Himalaya oder aus Heilbronn), vermeintliche Begleitsubstanzen oder gar angeblich durch Druck »verkleinerte« Elemente entscheidet nämlich unser Umgang mit Salz, ob dieses heilsam oder schädlich für uns ist.

Michael Gienger und Gisela Glaser möchten daher mit diesem Büchlein wichtige, doch leider vielfach vergessene oder unbekannte

Informationen zum richtigen Umgang mit Salz weitergeben. Beide sind Praktiker und besitzen große Erfahrung mit der Materie. Michael Gienger aus Tübingen ist einer der führenden Experten der Steinheilkunde, Gisela Glaser ist Heilpraktikerin mit eigener Praxis in Nürtingen.

Beiden Autoren liegt Salz als Heilmittel sehr am Herzen, beide können aus Erfahrung von vielen positiven Wirkungen berichten. Doch der aktuelle Umgang vieler Menschen mit Salz ist sehr leichtfertig und aufgrund falscher Informationen manchmal auch gefährlich. Dieser bewußt knapp und überschaubar gehaltene Leitfaden ermöglicht einen sicheren und heilsamen Umgang mit Salz.

Was ist Salz?

Salz ist eine im Grunde sehr einfache Verbindung aus zwei Elementen. Natrium (Na) und Chlor (Cl) liegen im Salz genau im Mengenverhältnis 1 : 1 vor. Beide Elemente zählen zu den »Top Twelve« der Gesteine: Natrium hält mit einem Anteil von 2,6% den sechsten und Chlor mit 0,2% den elften Rang in der Reihenfolge der Häufigkeit. Das bedeutet, bei 93 natürlichen Elementen kommen Natrium und Chlor relativ häufig vor. Dementsprechend ist auch ihre Verbindung, das Salz, durchaus nicht selten.

Salz ist wasserlöslich, sein Hauptanteil findet sich daher in gelöster Form in den Weltmeeren. Würden die Ozeane komplett austrocknen, so würden sie eine enorme Menge an Salz hinterlassen: Der gesamte ausgetrocknete Meeresgrund, also 70% der Erdoberfläche, wären dann mit einer 60 m dicken Kruste eingetrockneter Substanzen überzogen – und allein 47,5 m davon bestünden aus Salz! Eine unvorstellbare Menge!

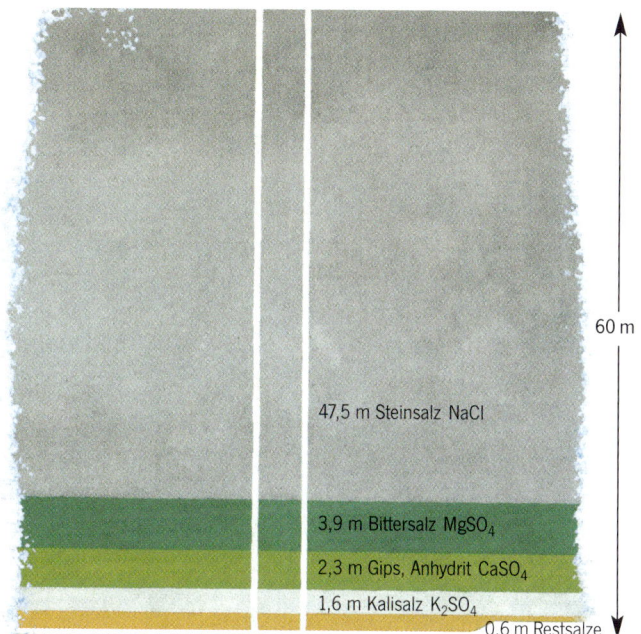

60 m

47,5 m Steinsalz NaCl

3,9 m Bittersalz $MgSO_4$

2,3 m Gips, Anhydrit $CaSO_4$

1,6 m Kalisalz K_2SO_4

0,6 m Restsalze

Abb. 1: Salzablagerung beim Eintrocknen der Ozeane

Bezeichnungen für Salz

Da auch andere wasserlöslichen Substanzen (wie z. B. Magnesiumsulfat = Bittersalz) als »Salze« bezeichnet werden, spricht man beim »Natriumchlorid« in der Chemie oder Biologie auch vom »Kochsalz«, in der Geologie vom »Steinsalz« und in der Mineralogie vom »Halit«. Gemeint ist damit jedoch stets dieselbe Substanz.

Neuerdings hat sich auch der Name »Kristallsalz« eingebürgert, der ein besonders hochwertiges »Steinsalz« bezeichnen soll. Ganz glücklich ist diese Namenswahl jedoch nicht, denn der Zusatz »Kristall-« kann sich auf zweierlei beziehen: zum einen auf eine »kristalline Struktur« (die hat jedoch *jedes* Salz), zum anderen auf eine »Kristallform« (was die meisten so bezeichneten Salze eben nicht haben).

Was ist »Kristallsalz«?

Eine Substanz hat dann eine »kristalline Struktur«, wenn die Teilchen, aus denen sie aufgebaut ist, eine regelmäßige Ordnung besitzen. Im Kochsalz oder Steinsalz ordnen sich die Elemente Natrium und Chlor z. B. so an, daß eine würfelige innere Struktur entsteht (siehe Abb. 2). Man sagt daher, daß Steinsalz eine »kubische Kristallstruktur« besitzt (von lat. »kubus« = »Würfel«).

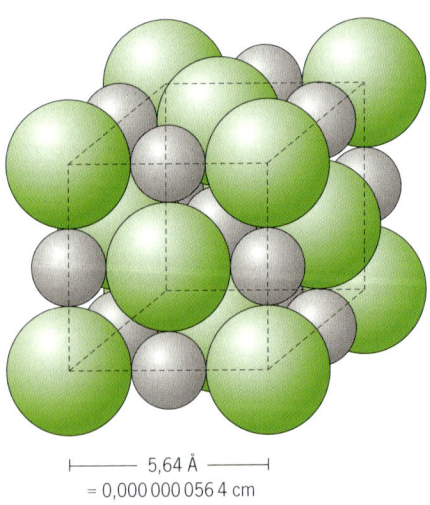

├──── 5,64 Å ────┤
= 0,000 000 056 4 cm

Abb. 2: Zusammensetzung des Steinsalzes

Abb. 3: Salzkristalle

Substanzen, die eine solche innere Ordnung besitzen, nennt man »kristallin«. Steinsalz oder Kochsalz hat nun *immer* diese innere Ordnung, ganz egal ob das Salz in der Natur entstand oder im Reagenzglas. Es ist zur Entstehung dieser Struktur auch keinerlei Druck notwendig, die Struktur des Salzes entsteht praktisch »von selbst« (siehe auch das Kapitel: »Wie bildet sich Salz?«). So betrachtet ist Salz also immer kristallin. Jedes Salz wäre demzufolge ein »Kristallsalz«, die Bezeichnung als Qualitätsbegriff also wertlos.

Auf der anderen Seite spricht man von einem »Kristall«, wenn sich die innere Ordnung einer Substanz durch ein regelmäßiges Wachstum nach außen zeigt. Jedem ist hier sicherlich das Bild des Bergkristalls vor Augen, von dessen regelmäßiger Form der Name »Kristall« abgeleitet wurde. Aus dem ursprünglichen Mineralnamen für den klaren, »eisähnlichen« Quarz (griech. »krystallos« = »Eis«) wurde so die Bezeichnung für eine regelmäßige Form. Nebenbei bemerkt, mit dem griechischen »christos« = »der Gesalbte« hat der »Kristall« nichts zu tun!

Auch Salz kann Kristalle bilden, die seiner inneren Struktur entsprechend tatsächlich würfelförmig werden. Diese werden logischerweise »Salzkristalle« genannt. So betrachtet dürfte man eigentlich nur dann von »Kristallsalz« sprechen, wenn das Salz tatsächlich solche Kristallformen zeigt. Dann wäre der Name »Kristallsalz« tatsächlich ein Qualitätsmerkmal.

Kurioserweise wird der Name »Kristallsalz« im Handel jedoch meistens für derbes Steinsalz ohne Kristallform verwendet, das dadurch qualitativ vom »gewöhnlichen Steinsalz« abgegrenzt werden soll. Nur – ein qualitativer Unterschied ist meist nicht zu finden. Vergleicht man z. B. eine aus »Steinsalz« bestehende Salzlampe mit den derben Brocken des sog. »Himalaya-Kristallsalzes«, so findet man keinen Unterschied. Und vollzieht man die Herkunftswege nach, so wird deutlich: Es gibt auch keinen Unterschied. Es ist dasselbe Salz aus denselben Minen! Sie können also ihre Salzlampe aufessen. Nur verzichten Sie bitte auf Birne, Kabel und Fassung!

Abb. 4: Derbes Steinsalz

Wir haben diesen kleinen Exkurs hier eingefügt, um deutlich zu machen, weshalb wir den Namen »Kristallsalz« in einem wesentlich engeren Sinne verwenden, als üblich (vgl. das Kapitel »Die Qualität des Salzes«). Ansonsten belassen wir es beim traditionellen »Steinsalz« oder – der Einfachheit halber – mitunter schlicht beim »Salz«.

Damit wir richtig verstanden werden: Der Begriff »Kristallsalz« ist als Handelsname durchaus in Ordnung, denn jedes Salz ist eine kristalline Substanz. Doch so, wie er allgemein verwendet wird, ist der Begriff »Kristallsalz« für sich allein noch kein Qualitätskriterium. Viel wichtiger ist die Garantie, daß das Salz naturbelassen, nicht raffiniert und frei von Zusätzen ist. Bitte lesen Sie dazu das Kapitel »Die Qualität des Salzes«.

Woher stammt Salz?

Salz ist ein Sediment.* Seine Bestandteile – Natrium und Chlor – waren vor langer Zeit in anderen Mineralien und Gesteinen gebunden. Durch Verwitterung wurden sie aus diesen herausgelöst und vom Wasser hinweggeschwemmt. Da Natrium und Chlor sehr gut löslich sind, verbleiben sie im Wasser, wenn dieses durch Bäche und Flüsse strömt. So tragen alle Gewässer den großen Seen, Meeren und Ozeanen ständig neues Salz zu. Doch während das Wasser verdunstet, um als Wolke und Regen zurück zu den Quellen zu finden, bleibt das Salz in Gewässern ohne Abfluß zurück. Es kann nicht verdunsten. Daher reichert es sich an, bis das Lösungsvermögen des Wassers das Salz nicht mehr halten kann. Es fällt aus und lagert sich als feste Kruste ab. Diese Art der Entstehung wird »chemische Sedimentation« genannt, da aus Substanzen unterschiedlichen Ursprungs nun ein chemisch neu zusammengesetztes Gestein entsteht.**

* Sediment = Ablagerungsgestein, von lat. »sedimentum« = »Ablagerung«
** Mehr dazu in Gienger, *Lexikon der Heilsteine*, Neue Erde, Seite 23 - 31

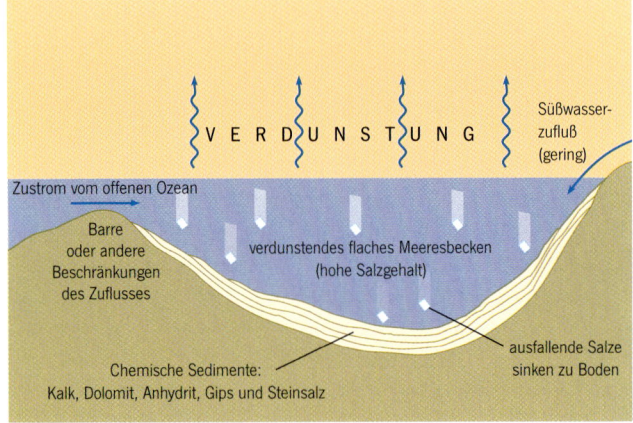

Abb. 5: Salzablagerung durch chemische Sedimentation

Wo entsteht Salz?

Wasser kann bis zu 26% Salz lösen, die Ozeane enthalten derzeit ca. 3,5% gelöster Salze. Salzablagerungen entstehen daher nicht überall, sondern nur unter bestimmten Bedingungen. Entweder in kleineren, abgeschlossenen Gewässern, deren Zuflüsse viel Salz eintragen (z. B. im Toten Meer oder in Salzseen) oder in flachen Meeresbecken am Rand der Ozeane. Mächtige Salzlagerstätten entstehen in der Regel nur in warmen Klimazonen bei starker Verdunstung.

Salze aus »kleineren« Gewässern (Salzseen, Totes Meer) unterscheiden sich von jenen, die den Ozeanen entstammen. Bei den kleineren, von Flüssen gespeisten Gewässern trägt das umliegende Land und Gestein entscheidend dazu bei, welche Fremdstoffe dem Salz in seiner Entstehung beigemengt werden. Es entstehen also von Ort zu Ort unterschiedliche Lagerstätten mit Salzen verschiedener Zusammensetzung.

Aus flachen Randmeeren der Ozeane gebildete Salze ähneln sich dagegen weltweit, mitunter sind sie sogar fast identisch, obwohl Tausende von Kilometern zwischen den verschiedenen Lagerstätten liegen. Das liegt daran, daß der Zustrom des Salzes hier von der Meerseite her erfolgte – und die Zusammensetzung der Ozeane ist weltweit praktisch gleich. Während sich unlösliche Substanzen (Geröll, Sand, Ton) gerade an der Stelle ablagern, wo die Flüsse sie eintragen, verteilen sich die löslichen Substanzen praktisch überall. Und dazu zählt unser Salz.

Weit über 90% aller Salzlagerstätten entstammen dem Meer – auch wenn sie heute weit im Landesinneren liegen. Die Verteilung von Land und Wasser hat sich auf der Erdoberfläche immer wieder verändert, ebenso das Klima und die Lage der Kontinente. Daher gab es sogar Zeiten, in denen Mitteleuropa ein tropisches Flachmeer war. Und diesem verdanken wir z. B. das deutsche oder polnische Salz.

Wann entstand Salz?

In den letzten 500 Millionen Jahren der Erdgeschichte gab es neun wichtige Phasen, in denen große Salzlager entstanden (siehe Abb. 6). In der Zeit davor hatte das Meer noch eine andere Zusammensetzung, es war zwar salzhaltig, jedoch trübe, frei von Sauerstoff und voller Eisen. Die Lebewesen dieser Zeit – Algen und Bakterien – hatten im sog. »Präkambrium« Jahrmilliarden zu tun, um das Meer zu »reinigen«. Erst dann konnte sich das reine Steinsalz bilden, sofern – wie gesagt – die Bedingungen günstig waren.

Salzlager in Pakistan, Nordamerika und Europa

Pakistan

Zu den ältesten Salzlagerstätten der Welt gehört die Salt Range in Pakistan, ein aus kleinen Plateaus und Becken bestehendes Bergland in der Provinz Punjab, südlich von Islamabad. Von hier stammt das Salz, das heutzutage als »Himalaya-« oder »Hunza-Salz« verkauft wird – was nicht ganz korrekt ist, denn der Himalaya ist ein gutes Stück entfernt (so ähnlich, als würden wir das Heilbronner Salz als »hochalpin« deklarieren) und bis zum Hunza-Tal sind es rund 300 km Luftlinie. Gebildet wurde dieses bis zu 540 Millionen Jahre alte Salz im Erdzeitalter Kambrium, einer interessanten Zeit, in der urplötzlich eine enorme Vielfalt von Lebewesen die Erde bevölkerten.[*]

Vielleicht kommt daher das Mißverständnis, das sog. »Himalaya-Salz« entstamme jenem Urmeer, in dem das Leben entstanden sei. Das war jedoch 3 Milliarden Jahre früher. Im Verhältnis zur Erdgeschichte sind Salzgesteine relativ »jung«. Vergleichen wir das Alter der Erde (4,5 Milliarden Jahre) mit einem Kalenderjahr, so entstand das Leben Ende März (vor 3,5 Milliarden Jahren), das älteste Salz erst Mitte November.

Nordamerika und Europa
Die nordamerikanischen Salzlager entstanden v. a. in den Erdzeitaltern Devon, Karbon und Perm (vor ca. 290 - 370 Millionen Jahren) sowie in der Kreide (vor ca. 135 Millionen Jahren). Die europäischen Salzlager wurden v. a. in Perm und Trias (vor ca. 250 - 200 Millionen Jahren) sowie im Tertiär (vor ca. 20 Millionen Jahren) gebildet. In unserem vorausgegangenen Vergleich fallen diese Zeiträume alle in den Dezember. Wir Menschen erscheinen in diesem Vergleich übrigens erst zu Silvester, rechtzeitig zur Party ...

Die Ähnlichkeit der Lagerstätten

Dieser Zeitvergleich macht auch deutlich, weshalb sich die Salze verschiedener Lagerstätten ähneln, auch wenn 400 Millionen Jahre oder mehr zwischen ihren Entstehungszeiträumen liegen. Unser Meer, das

---

[*] Vgl. Volker Arzt, *Als Deutschland am Äquator lag*, Rowohlt Verlag

2 Millionen Jahre	
TERTIÄR	u.a. Oberrhein, Polen, Südosteuropa
65 Millionen Jahre	
KREIDE	
135 Millionen Jahre	u.a. Nordafrika, Nordamerika
JURA	
205 Millionen Jahre	
TRIAS	u.a. Württemberg, Schweiz
250 Millionen Jahre	u.a. Mitteleuropa, Ostalpen
PERM	
290 Millionen Jahre	u.a. Nordamerika, Rußland, Ukraine
KARBON	u.a. Nordamerika
360 Millionen Jahre	
DEVON	u.a. USA, Weißrußland
410 Millionen Jahre	
SILUR	
438 Millionen Jahre	
ORDOVIZIUM	u.a. südl. Totes Meer
500 Millionen Jahre	
KAMBRIUM	
570 Millionen Jahre	u.a. Pakistan, Sibirien

Abb. 6: Häufigkeit der Salzbildung im Lauf der Erdgeschichte

17

über 4 Milliarden Jahre (in o. g. Vergleich mehr als 10 Monate) Zeit hatte, Salz anzureichern, verändert sich in weiteren 500 Millionen Jahren (im Vergleich sechs Wochen) kaum, zumal die entstehenden Ablagerungen das vermindern, was die Flüsse an neuem zuführen. Der Salzgehalt des Meeres ist im gesamten Zeitraum der Lagerstättenbildung daher weitgehend gleich.

Doch es gibt noch einen zweiten wichtigen Faktor, der auch die Reinheit des Salzes begründet: Der Ausleseprozeß in der Sedimentation.

Salz – ein von der Natur gereinigter Stoff

Der Entstehungsweg des Salzes von den ursprünglichen natrium- und chlorhaltigen Gesteinen bis hin zum neuen Sediment ist ein Weg allmählicher Auslese. Zunächst bricht die Verwitterung (Wind und Wetter, Frost und Hitze) das ursprüngliche, aus vielen Mineralstoffen bestehende Gestein auf und zerkleinert es zu Geröll. Dieses zersetzt sich beim weiteren Transport in Bächen und Flüssen mehr und mehr, zu Kieseln, Sand, Ton und Schlamm. Dabei bleiben die Mineralien, die der Verwitterung trotzen, schon früh »auf der Strecke«. Sie lagern sich bereits an Flußläufen oder in Seen wieder ab. Dazu zählen Zirkon, Granat, Rubin, Saphir und andere Schwermineralien. Mit ihnen scheiden viele Mineralstoffe bereits aus dem Weitertransport aus. Ins Meer hineingetragen werden schließlich noch Quarzsand und Tonmineralien, welche die Sandstrände der Küsten und den Schlamm des Meeresgrunds bilden. Damit scheidet auch ein Großteil der Kieselsäure, des Aluminiums, des Eisens und weiterer Mineralstoffe aus dem Wasser aus.

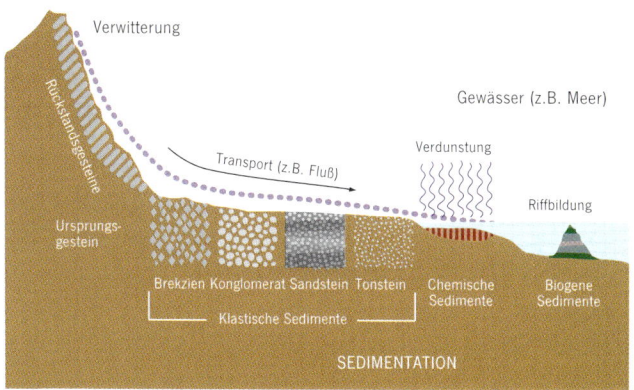

Abb. 7: Entstehung von Sedimenten

Zurück bleiben nun lediglich sieben wasserlösliche Substanzen in nennenswerter Menge: Natrium (1,05%), Magnesium (0,13%), Kalium (0,04%) und Calcium (0,04%) als Metalle, sowie Chlor (1,89%), Sulfat (0,26%) und Carbonat (0,02%) als nichtmetallische Anteile. Diese sieben Elemente bilden gemeinsam die ca. 3,5% des Meeres-Salzgehalts. Dazu kommen in winzigen Spuren ca. 35 weitere Elemente, vor allem Bor und Strontium als Metalle sowie Fluor und Brom als Nichtmetalle.[*] Mit diesen können wir auch als Spurenelemente des Steinsalzes rechnen – und eben nicht mit insgesamt 86 Elementen, wie in der Literatur neuerdings behauptet.[**]

Solange sie sich im Wasser befinden, verbinden sich die genannten Mineralstoffe nicht. Sie sind »in Lösung«. Umhüllt von Wassermolekülen und dadurch abgesondert von den anderen Stoffen, kann jedes

[*] Goldschmidt, *Ge ochemistry*, Clarendon Press, Oxford 1954
[**] Hendel/Ferreira, *Wasser & Salz*, Ina Verlag, Herrsching 2001

Teilchen seine »eigenen Wege« gehen. Doch je mehr das Wasser verdunstet, desto weniger »schützende Hülle« kann es bieten. Immer mehr Mineralstoffe reichern sich an, ihre Konzentration steigt und schließlich wird es ihnen – sinnbildlich gesprochen – so »eng«, daß sie sich verbinden und ausfallen.

Erst dann entstehen die uns bekannten Stoffe: Salz aus Natrium und Chlor (78%), Magnesiumchloride (9%), Bittersalze aus Magnesium und Sulfat (6,5%), Gips und Anhydrit aus Calcium und Sulfat (3,5%), Kalisalze überwiegend aus Kalium und Sulfat (2%) sowie 1% weiterer Verbindungen, u. a. Kalk aus Calcium und Carbonat oder Dolomit aus Calcium, Magnesium und Carbonat. Die Prozentangaben hier beziehen sich auf die eingetrocknete, fest gewordene Substanz.

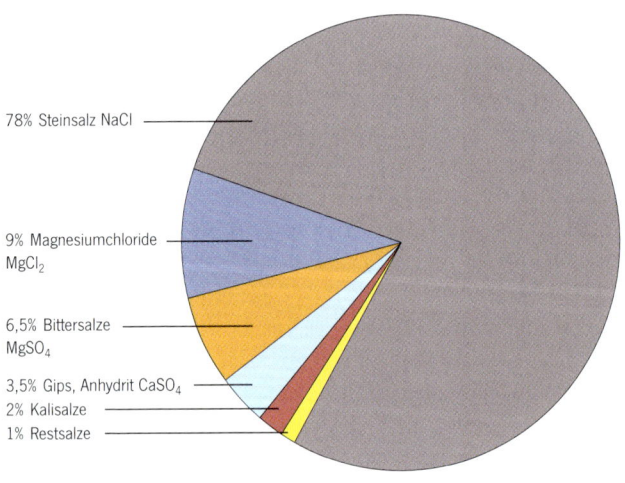

Abb. 8: Chemische Bestandteile des Meerwassers

Die Auslese bei der Ablagerung

Doch der Ausleseprozeß ist noch nicht zu Ende. Da die Löslichkeit der verschiedenen Stoffe unterschiedlich ist, scheiden sie sich beim Verdunsten des Meerwassers nicht gleichzeitig, sondern nacheinander ab!

In einer flachen, warmen Bucht mit offenem Zugang zum Meer fällt lediglich Kalk (Calcium-Carbonat) aus. Alle anderen Stoffe bleiben in Lösung, da immer genügend Wasser aus dem Meer zuströmt und die Gesamtkonzentration der Stoffe sich nur von 3,5% auf 4% erhöht.

Verengt sich der Zugang des offenen Meeres zur Bucht, z. B. durch ein Riff oder die Hebung einer »Barre« (siehe Abb. 9), so verlangsamt sich das Zuströmen weiteren Wassers. Die Konzentration der Mineralstoffe in der Bucht erhöht sich durch die Verdunstung auf 4 - 6%. Nun folgt dem Kalk der Dolomit, indem das besser lösliche Magnesium auszufallen beginnt und sich in den Kalk mengt (Dolomit ist ein Calcium-Magnesium-Carbonat).

Bei weiterer Hebung der Barre und Verlangsamung des Wasserzustroms wird es schließlich auch dem gut löslichen Sulfat »zuviel«. Bei Konzentrationen zwischen 6 - 27% fällt es aus und bildet gemeinsam mit Calcium Gips und Anhydrit (beides Calcium-Sulfate).

Bis hierher konnten Natrium und Chlor der Ausfällung aufgrund ihrer ausgezeichneten Löslichkeit widerstehen. Doch das ist nun bei weiterer Verlangsamung der Wasserzufuhr und Konzentrationen über 27% vorbei. Natrium und Chlor fallen aus und bilden unser Salz.

Diese Abfolge vollzieht sich ein zweites Mal in umgekehrter Reihe, wenn die Barre zu einem späteren Zeitpunkt wieder sinkt und der Zustrom des Meerwassers erneut steigt. In dem Maße, in dem die Konzentration der gelösten Stoffe in der Bucht wieder sinkt und neue Substanzen aus dem Meer zuströmen, scheiden sich wieder andere Gesteine ab: Sinkt die Konzentration unter 27%, so endet die Salzablagerung, nun fallen wieder Gips und Anhydrit aus. Sinkt die Konzentration unter 6%, so entsteht wieder Dolomit, unter 4% mitunter auch noch Kalk.

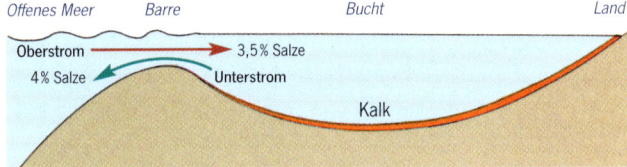

1. Phase: Ausscheidung von Kalk in offener Meeresbucht

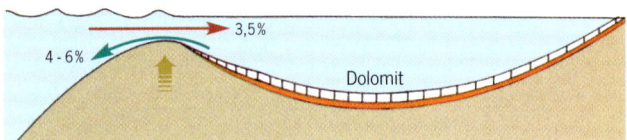

2. Phase: Beginnende Hebung der Barre. Dolomit fällt aus.

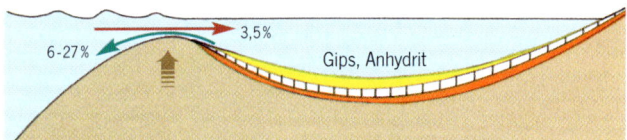

3. Phase: Stärkere Hebung der Barre. Gips und Anhydrit werden ausgeschieden.

Abb. 9: Bildung einer Salzlagerstätte (»Barrentheorie«)

Durch diesen Vorgang wird die Salz-Ablagerung »versiegelt«. Die überlagernden Gips-, Anhydrit- und Dolomit-Schichten verhindern den Kontakt zum Meerwasser, so daß sich das Salz nicht mehr auflösen kann. Eine neue Lagerstätte ist geboren.

Steinsalz ist also das Resultat eines langen Ausleseprozesses. Bei der Verwitterung, im Transport der Flüsse und schließlich durch die Abfolge der Ablagerungen trennt sich das ursprüngliche Gemisch vieler

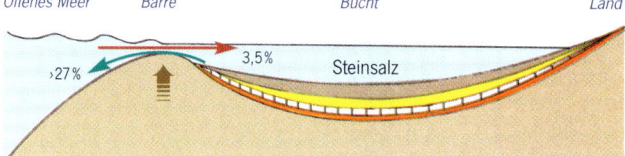

Offenes Meer   *Barre*   *Bucht*   *Land*

4. Phase: Stärkste Hebung der Barre. Kaum noch Wasserzufuhr. Steinsalz scheidet sich aus.

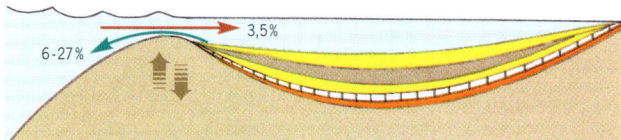

5. Phase: Hebung wird durch Senkung der Barre abgelöst. Ausscheidung von Anhydrit und Gips anstelle von Steinsalz.

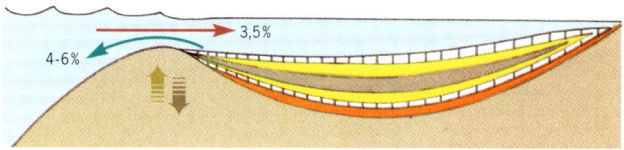

6. Phase: Weitere Senkung schließt das Steinsalzlager durch Dolomit ab.

Substanzen mehr und mehr auf – bis zuletzt ein Gestein entsteht, das zu über 95% nur noch aus einem Mineral (Salz) bzw. zwei Elementen besteht (Natrium und Chlor)!

Steinsalz ist also tatsächlich »von der Natur gereinigt«. Es ist das Gestein mit dem geringsten Schwermetallgehalt und der geringsten Radioaktivität. Eine Substanz, die aufgrund ihrer eigenen Läuterung im Entstehungsprozeß mit sehr wertvollen Eigenschaften aufwarten kann!

Wie bildet sich Salz?

Doch welche Kraft führt Natrium und Chlor beim Verdunsten des Wassers zum Salz zusammen? – Es sind elektrische Anziehungskräfte. Natrium und Chlor sind beide sehr reaktionsfreudige Elemente. Das bedeutet, sie bleiben nicht lange in reiner Form in der Natur bestehen, sondern gehen rasch Verbindungen mit anderen Stoffen ein. Der Grund dafür ist ein einfaches chemisches Gesetz.

Die Elemente

Alle Atome, die kleinsten Teilchen der chemischen Elemente,* sind aus drei Bausteinen aufgebaut: Elektrisch positiv geladene Protonen und neutrale Neutronen bilden den Kern, drumherum schwirren mit Lichtgeschwindigkeit die negativ geladenen Elektronen. Das ganze hält zusammen, da sich positive und negative Ladungen gegenseitig anziehen. Warum das der Fall ist, ist noch immer ein unerklärbares Wunder der Natur, aber eine beobachtbare Tatsache!

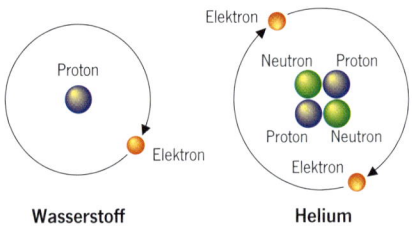

Abb. 10: Aufbau eines Atoms

* Atom = kleinste, nicht zerlegbare Einheit eines Elements, von griech. »a-tomos« = »un-teilbar«

Alle Atome haben in ihrem »Grundzustand« dieselbe Anzahl Protonen und Elektronen. Das heißt, nach außen hin sind sie elektrisch neutral, die elektrischen Anziehungskräfte sind ausgeglichen. Ein Element unterscheidet sich vom anderen nur in der Anzahl seiner Protonen und Elektronen. Ein Wasserstoff-Atom hat je eines, ein Helium-Atom je zwei, ein Lithium-Atom je drei usw.

Warum verbinden sich verschiedene Elemente miteinander?

Bei diesen verschiedenen Atomen kann nun weiterhin beobachtet werden, daß sich die den Kern umschwirrenden Elektronen zu verschiedenen Hüllen, den sog. Schalen ordnen. Immer wenn eine Schale mit acht Elektronen besetzt ist, scheinen keine weiteren hineinzupassen. Das nächste Element, das ein Elektron mehr besitzt, ist plötzlich deutlich größer, es hat sozusagen eine Schale mehr.

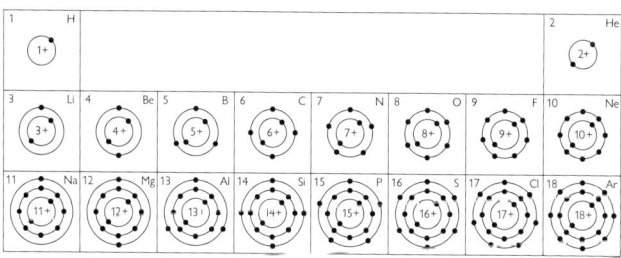

Abb. 11: Elektronenschalen verschiedener Elemente

Interessant ist dabei jedoch vor allem, daß Elemente, die gerade acht Außenelektronen besitzen – nicht mehr und nicht weniger – offenbar etwas Besonderes sind: Sie scheinen großen Wert auf ihre Eigenständigkeit und Freiheit zu legen, denn sie verbinden sich unter keinen Umständen mit anderen Elementen. Sie sind sich selbst genug. Wir kennen diese »überzeugten Singles« als die Edelgase.

Noch verblüffender ist jedoch die Tatsache, daß auch alle anderen Elemente bestrebt sind, diesen Zustand mit acht Außenelektronen zu erreichen. Er scheint eine besondere Vollkommenheit und Stabilität darzustellen. Warum das so ist, ist ebenfalls ein unerklärbares Wunder der Natur, aber eine beobachtbare Tatsache!

Da nur die Edelgase diesen Zustand »von Natur aus besitzen«, müssen die anderen Elemente zu einem Trick greifen: Sie müssen aus ihrer äußeren Schale entweder alle Elektronen loswerden (dann wird die nächste darunterliegende zur äußeren, und diese ist ja mit acht Elektronen voll besetzt) oder sie müssen ihre äußere Schale mit fremden Elektronen auffüllen, bis es genau acht sind.

Wir können erahnen, was nun geschieht: Der Tauschhandel beginnt! Atome, die nur wenige Elektronen in der äußersten Schale besitzen, sind begierig, diese loszuwerden. Diese Elektronen abgebenden Elemente kennen wir als Metalle. Auf der anderen Seite sind die Elemente, denen nur noch wenige Elektronen zur Vollständigkeit fehlen, begierig, welche aufzunehmen. Diese Elektronen aufnehmenden Elemente kennen wir als Nichtmetalle. Und wenn sich nun Metall und Nichtmetall unter günstigen Bedingungen begegnen, so ist die Freude groß: Das Metall gibt seinen »Elektronen-Ballast« an das Nichtmetall ab, beide kommen in den Genuß einer vollständigen, mit acht Außenelektronen besetzten Schale und sind zufrieden. Das ist das Grundgeheimnis der chemischen Verbindung.*

Einen Haken hat diese Angelegenheit: Da mit dem Austausch der Elektronen negative elektrische Ladung von einem zum anderen Atom wandert, sind die zuvor elektrisch neutralen Atome nun elektrisch geladen. Solche »geladenen Teilchen« werden »Ionen«** genannt. Das Metall hat mit den Elektronen negative Ladung verloren und verbleibt daher als positiv geladenes Ion, das Nichtmetall hat mit den Elektronen negative Ladung aufgenommen und wird dadurch zum negativ

---

* Es gibt noch zwei weitere Bindungsarten, wenn die Bedingungen nicht ganz so »optimal« sind. Siehe dazu Michael Gienger, *Die Steinheilkunde*, Neue Erde Verlag, Seite 92 bis 95.
** Ion = Teilchen, von dem oder zu dem Elektronen gegangen sind, von griech. »ion« = »gegangen«.

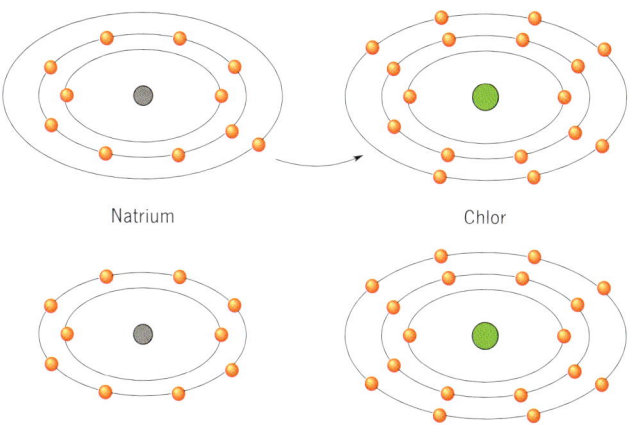

Abb. 12: Elektronenaustausch zwischen Metall und Nichtmetall

geladenen Ion. Tja, und da es – wie bereits gesagt – dieses Wunder der elektrischen Anziehung gibt, kommen nun die beiden Ionen nicht mehr voneinander los. Sie sind mit dem Elektronenaustausch eine Beziehung, sprich eine »Ionenbindung« eingegangen. Eine schöne Metapher: Alle Elemente außer den Edelgasen können sich nur in einer Beziehung vervollkommnen ...

Salz – Substanz aus Natrium und Chlor

Doch zurück zum Salz: Natrium ist ein Metall, das in seiner äußeren Elektronenschale nur ein Elektron besitzt. Chlor ist ein Nichtmetall, das in seiner äußeren Elektronenschale sieben Elektronen besitzt. Natrium hat daher das Bestreben, ein Elektron abzugeben, um die äußere Schale zu leeren, Chlor dagegen das Bestreben, ein Elektron aufzunehmen, um seine äußere Schale zu füllen. Wir ahnen es: Eine optimale Voraussetzung für eine glückliche chemische Beziehung!

Abb. 13: Verbindung von Natrium und Chlor zum Kochsalz

Und so wird aus Natrium und Chlor das vereinte »Natriumchlorid«, das »Kochsalz« der Chemie bzw. das »Steinsalz« der Geologie oder der »Halit« der Mineralogie. Da immer genau ein Natrium den Elektronenbedarf eines Chlors decken kann, entsteht nun eine Verbindung, in der Natrium und Chlorid im Mengenverhältnis 1 : 1 vorliegen. Die Chemie drückt dies ganz simpel mit dem Kürzel »NaCl« für Kochsalz aus. Durch elektrische Anziehungskräfte zusammengefügt und zusammengehalten, bleiben Natrium und Chlor nun auf ewig vereint. Nun ja, nicht ganz! Sie bleiben vereint, bis – ja, bis daß das Wasser sie scheidet!

Die Rolle des Wassers

Wasser hat nämlich die interessante Eigenschaft, Ionen gewissermaßen in sich »aufsaugen« zu können. Das gelingt nicht bei allen Verbindungen, viele Ionenbindungen bleiben standhaft und lassen sich vom Wasser nicht auseinanderbringen. Doch beim Salz ist es dem Wasser möglich, sich in das Kristallgitter zu zwängen, die Natrium- und Chlorid-Ionen zu umhüllen und voneinander zu lösen.

Diese Möglichkeit besitzt Wasser, da es selbst elektrische Ladungen besitzt. Wassermoleküle sind sog. »Dipole«, sie besitzen einen Pol positiver und einen Pol negativer elektrischer Ladung. Das liegt daran, daß Sauerstoff die gemeinsamen Elektronen des Wassermoleküls stärker an sich zieht, als es der Wasserstoff vermag. Diese halten sich daher überwiegend auf der Sauerstoff-Seite auf, wodurch diese negativ und die Wasserstoffseite positiv geladen wird.

Um nun ein positiv geladenes Natrium-Ion zu lösen, wird dieses von Wassermolekülen umhüllt, die ihm die negativ geladene Sauerstoffseite

Im Wassermolekül befinden sich zwei Elektronenwolken zwischen Wasserstoff (H) und Sauerstoff (O). Zusätzlich besitzt der Sauerstoff zwei
freie Elektronenwolken [linke Abb.]. Dadurch
hat Wasser einen positiven (wenig Elektronen)
und einen negativen (viele Elektronen) Pol
[rechte Abb.].

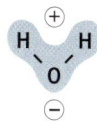

Abb. 14: Die Dipol-Eigenschaften der Wassermoleküle

zuwenden. Entsprechend wird das negative Chlorid-Ion von Wassermolekülen umhüllt, die ihm die positiv geladene Wasserstoffseite zuwenden. Auf diese Weise kann sich Ion um Ion aus dem Kristallgitter
des Salzes lösen, entweder bis alles Salz gelöst ist, oder bis das Wasser

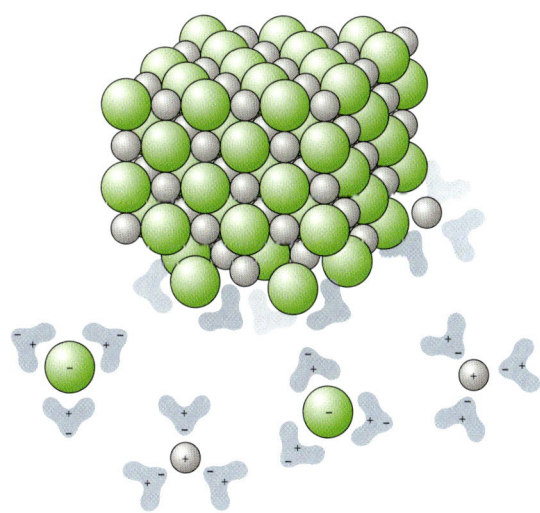

Abb. 15: Auflösen von Salz in Wasser

nichts mehr aufnehmen kann. Dann spricht man von einer »gesättigten Lösung«, die bei ca. 26%, also 260g Salz in einem Liter Wasser erreicht ist.

Da die Wasserhülle die gegenseitige Anziehung der Natrium- und Chlorid-Ionen deutlich vermindert, können die einzelnen Ionen in der wäßrigen Lösung nun »ihrer eigenen Wege gehen«. Sie werden beweglich, können in der Lösung wandern und gerade dadurch z. B. im Körper ihre wichtigen Lebensfunktionen erfüllen.

Interessanterweise hat sowohl Wasser einen großen Drang, Salz in sich aufzunehmen, als auch das Salz selbst einen großen Drang, sich im Wasser zu verlieren. Ersteres wird deutlich durch die Tatsache, daß wir beim trockenen Salz immerhin eine Temperatur von 800° C benötigen, um es zu schmelzen. Das zeigt die Kraft, die Wasser besitzt, um Salz fast »spielerisch« aufzunehmen und zu lösen. Auf der anderen Seite zeigt sich der Wunsch des Salzes nach dem Wasser in seinen »hygroskopischen« Eigenschaften: Salz zieht Wasser ebenfalls mit immenser Kraft an. Wenn es keine andere Möglichkeit findet, entreißt es das Wasser der Luft oder anderen Substanzen. Daher klumpt es im Salzstreuer oder wird technisch auch als Trocknungsmittel verwendet.

Ist Salz im Wasser gelöst, so gibt es kaum eine Möglichkeit, es dem Wasser wieder zu entreißen – es sei denn, das Wasser verdunstet. In die Luft kann ihm das Salz nicht folgen, daher kehrt sich der Lösungsvorgang um. Die Natrium- und Chlorid-Ionen, die ihre trennende Wasserhülle verlieren, streben wieder zueinander, fallen aus und lagern sich als feste Kruste (bei schnellem Eintrocknen) oder als körnige Kristalle (bei langsamen Prozessen) ab. Die elektrische Anziehung führt sie wieder zusammen.

Die Ordnung im Salz

Die positive Anziehungskraft des Natriums und die negative Anziehungskraft des Chlorids richten sich dabei jedoch nicht nur auf ihr »individuelles Gegenüber« aus, sondern strahlen rundherum in den Raum. Auf diese Weise sammeln sich um jedes Natrium- sechs Chlorid-Ionen (oben, unten, rechts, links, vorne und hinten) und ebenso um jedes Chlorid-Ion sechs Natrium-Ionen (in derselben Weise).

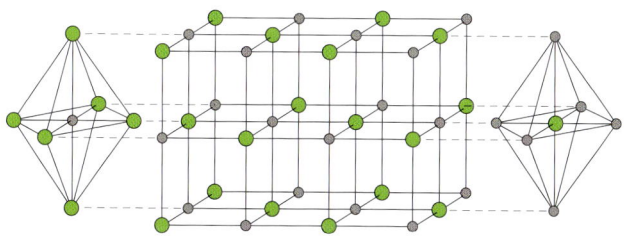

Abb. 16: Kristallgitter von Natriumchlorid
Jedes positiv geladene Na^+-Ion (grau) ist von sechs negativ geladenen Cl^--Ionen (grün) umgeben, jedes Cl^--Ion von sechs Na^+-Ionen.

Auf diese Weise fügen sich die Natrium- und Chlorid-Ionen »ganz von alleine« zu einer regelmäßigen würfeligen Struktur, dem sog. »kubischen Kristallgitter«* zusammen. Dazu ist keinerlei Druck oder äußere Einwirkung notwendig. Im Gegenteil, es sind die inneren Ladungen und die daraus folgenden elektrischen Anziehungskräfte, die diese regelmäßige Ordnung entstehen lassen. Und so ist das Wachstum eines Salzkristalls auch eher ein »Geschehenlassen«: Wenn die Natrium- und Chlorid-Ionen genügend Zeit, Ruhe und Raum haben, können schöne, würfelige Kristallformen entstehen.

* von lat. »kubus« = »Würfel«

Abb. 17: Salzkristall

Diese Bedingungen sind jedoch nur selten gegeben. Gerade in großen Salzlagerstätten geraten die kristallinen Strukturen des Salzes zunehmend unter Druck, je mehr Gestein sich im Laufe der Zeit über dem

Abb. 18: Derbes Steinsalz

Salz ablagert. Dadurch wird das Kristallgitter deformiert. Es besteht zwar weiterhin aus vielen Körnchen mit kubischer innerer Struktur, doch diese werden gegeneinander verschoben, verzerrt und verwinkelt, so daß sich kein regelmäßiger Kristall bilden kann. Das Salz erscheint dann in der wesentlich häufigeren »derben« Form.

Auch die einzelnen Körnchen des derben Steinsalzes sind also in sich kubisch strukturiert. Derbes Steinsalz ist daher nach wie vor eine kristalline Substanz, jedoch ohne sichtbare äußere Kristallform (vgl. hierzu das Kapitel »Was ist Salz?«). Das Gesamtgefüge des Gesteins ist beim derben Steinsalz jedoch gestört. Daher bricht es in unregelmäßige Stücke, während Salz mit ungestörtem Kristallgitter auch im Bruch sein kubisches Kristallgitter offenbart (vgl. hierzu das Kapitel »Die Qualität des Salzes«).

Abb. 19: Gefüge von derbem Steinsalz

Plastizität – eine Besonderheit des Steinsalzes

Die Nachgiebigkeit des Salzes ist wiederum eine seiner besonderen Eigenschaften: Salz ist ein plastisches Gestein. Es gibt bei Bewegungen der Erdkruste schon einem Druckunterschied von nur 30 Atmosphären nach, weicht aus, fließt – und bewegt sich dadurch sogar nach oben,

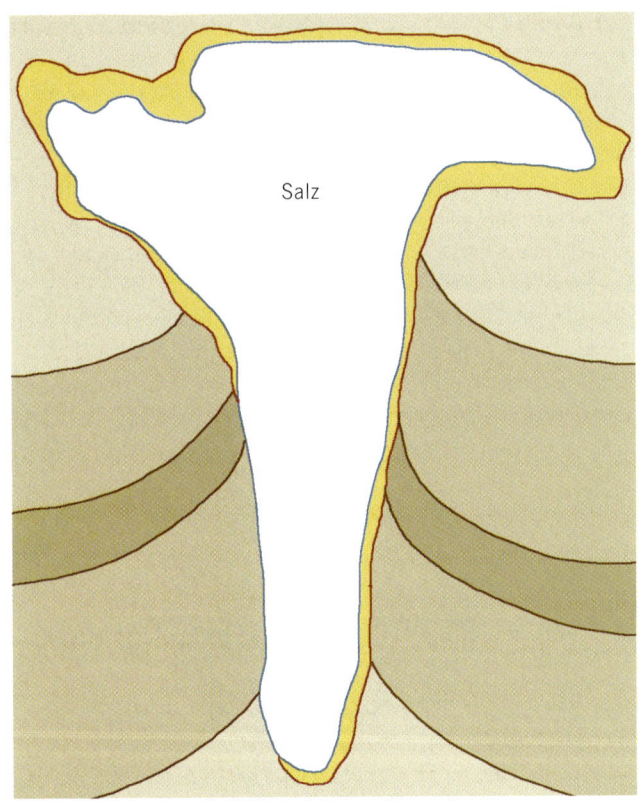

Abb. 20: Salzstock

der Erdoberfläche zu. Mit einer Dichte von nur 2,16 zählt es zu den leichtesten Gesteinen.* Das hat zur Folge, daß es bei zunehmender Überlagerung durch andere Gesteine in vertikale Spalten ausweicht

---

* Die Dichte der meisten Gesteine liegt zwischen 2,5 und 3,5.

und empordringt, während sich die anderen Gesteine rundherum absenken. Auf diese Weise entsteht aus einer horizontalen Lagerstätte ein vertikaler Salzstock.

Dort, wo das Salz auf diese Weise sogar die Erdoberfläche erreicht, bilden sich kuppelförmige Salzdome – Lagerstätten, die schon in prähistorischer Zeit für Menschen zugänglich waren. Für diese Eigenschaft des Salzes können wir tatsächlich dankbar sein. Denn nur aufgrund seiner plastischen Fließeigenschaften sind viele Salzlager aus der Tiefe in erreichbare Höhen aufgestiegen. Das erleichtert uns den Zugang zu dieser wichtigen Substanz. Und die Plastizität des Salzes macht außerdem deutlich, was für ein ausgemachter Schwachsinn es auf langfristige Sicht ist, radioaktiven Atommüll ausgerechnet in Salzstöcken einlagern zu wollen. Um es in einem Bild auszudrücken: Das ist ungefähr so sinnvoll, wie giftige Chemieabfälle in einer gut zugänglichen Speisekammer aufzubewahren. Doch das geschieht ja tatsächlich, wie Sie im Kapitel »Die Qualität des Salzes« nachlesen können ...

Wie wird Salz abgebaut?

Doch zurück zu den Salzdomen, Salzstöcken und zum Abbau des Salzes. Wie Salz abgebaut wird, spielt für den Erhalt seiner natürlichen Eigenschaften und gesundheitlichen Wirkungen eine wichtige Rolle. Es gibt nun – je nach den vorliegenden Bedingungen – eine ganze Reihe von Möglichkeiten, Salz für verschiedenste Zwecke zu gewinnen.

Die historische Salzgewinnung

Historisch betrachtet gehört die Salzgewinnung zu den ersten »technischen Errungenschaften« der Menschheit. Natürlich war es den Menschen zunächst dort zugänglich, wo es offen zutage tritt. Neben der

Abb. 21: Salzsee

Gewinnung in Salzseen, deren Salzkrusten unmittelbar zugänglich sind, spielte vor allem das Salzsieden eine wichtige Rolle. Meerwasser oder die Sole* salzhaltiger Quellen wurde in Sudpfannen so lange erhitzt, bis alles Wasser verdunstete und das getrocknete Salz zurückblieb. Salinen** aus der Steinzeit finden sich in Europa an den Küsten des Atlantiks, des Mittelmeers und des schwarzen Meers sowie im Binnenland u. a. bei Schwäbisch Hall und Bad Nauheim.

In der Bronzezeit begann schließlich der bergmännische Salzabbau dort, wo das Salz in Salzdomen oder dicht unter der Erdoberfläche anzutreffen war. Die Salzgewinnung dieser Art, z. B. bei Hallstatt im Salzkammergut, prägte eine ganze Kulturepoche – die sog. »Hallstattzeit« von 1200 bis 400 v. Chr.

Mit der weiteren Entwicklung des Bergbaus in den folgenden 2000 Jahren wurden immer mehr Salzvorkommen bergmännisch erschlossen, bis diese Art des Salzabbaus schließlich die Salzsiederei bei weitem überwog. Damit waren die Grundlagen geschaffen, die auch heute noch den Salzabbau prägen.

Der moderne Salzabbau

Heutzutage wird Salz in drei verschiedenen Verfahren gewonnen: Im bergmännischen Abbau, durch Solegewinnung aus unterirdischen Salzlagern und durch Salinen zur Meersalzgewinnung.

Meersalzgewinnung

Die Verdunstung von Meerwasser in sog. »Salzgärten« flacher Küsten wird vor allem in den tropischen und subtropischen Klimazonen der Erde betrieben. Insbesondere natürlich in der Dritten Welt, da dieses

* Sole = Salzlösung, von mittelhochdeutsch »sol« = »Salzbrühe«
** Saline = Anlagen zur Salzgewinnung durch Eindampfen oder Verdunsten von Salzwasser

Abb. 22: Salzgärten (Salzgewinnung aus Meerwasser)

Verfahren in klimatisch und geologisch geeigneten Regionen zu den günstigsten Möglichkeiten der Salzgewinnung zählt. Weltweit spielt die Meersalzgewinnung jedoch eine untergeordnete Rolle.

Bohrlochsolung

Bei der sog. »Bohrlochsolung« werden unterirdische Salzlager durch Solebildung abgebaut. Durch Bohrlöcher wird Wasser unter hohem Druck ins Salzgestein gepreßt, wo es das Salz auflöst und als Sole-Lösung zurückgewonnen wird. Die Sole wird anschließend verkocht, wobei die Körnung des entstehenden Salzes über die Temperatur geregelt werden kann. Bei 60° C entsteht das sog. »Grobsalz« (z. B. Streusalz), bei 100° C das feinkörnige »Siedesalz« (z. B. Speisesalz). Die Bohrlochsolung eignet sich auch zur Gewinnung »verunreinigter«, fremdstoffreicher Salzlagerstätten, da das Salz in diesem Verfahren von vielen Fremdstoffen (Gips u.a.) getrennt werden kann, die sich als »Salzstein« oder »Pfannenstein« in den Siedepfannen absetzen. Diese Siedereste enthalten immer noch 90% Salz und werden daher als Düngemittel oder Lecksalz für Vieh verwendet.

Bergmännischer Abbau

Bergmännischer Abbau bedeutet, daß das Salz in fester Form unter Tage gewonnen wird. Dazu werden Stollen in das Salzgestein hineingetrieben und das feste Gestein gesprengt. Diese Methode ist die weltweit häufigste und ergiebigste. Nebenbei bemerkt: Dabei wird immer gesprengt! Die Behauptung, das Salz bestimmter Minen würde ausschließlich in Handarbeit gewonnen, zeugt entweder von Unwissenheit oder ist gezieltes Marketing, um hohe Preise zu rechtfertigen. Salz im Bergbau nur von Hand zu gewinnen, wäre nichts anderes als mühsame, üble und gesundheitsschädigende Sklavenarbeit! Es ist schon kurios, daß diese nüchterne Tatsache nicht bedacht wird, wenn in nostalgischer Verklärung mit dem »besonders wertvollen, rein händisch gewonnenen Kristallsalz« geworben wird. An dieser Stelle empfehlen wir von Herzen einen Besuch im Salzbergwerk zur Richtigstellung der Tatsachen.

Wo tatsächlich viel Handarbeit geleistet wird, ist bei der Weiterverarbeitung des Salzes in den Minengebieten der Dritten Welt. Während in technisch hochgerüsteten Anlagen der Industrienationen Förderung, Transport, Zerkleinern, Mahlen, Sortieren, Wiegen und Verpacken des Salzes weitgehend automatisiert ist, geschieht dies z. B. beim Salzabbau in der Salt Range, Pakistan, fast ausschließlich von Hand (siehe nachfolgende Abbildungen). Beim eigentlichen Abbau im Stollen wird jedoch auch hier gesprengt! Es gibt also kein von Hand »abgebautes«, sondern nur von Hand »weiterverarbeitetes« Salz!

Salzproduktion in Pakistan

Abb. 23: Salzstollen, Salt Range

Abb. 24: Lkw-Transport

Abb. 25: Zerkleinern der Brocken

Abb. 26: Grobsortieren

Abb. 27: Sortieren des Granulats

Abb. 28: Abwiegen des Salzes

Wie wird Salz verwendet?

Speisesalz (6%)

Vor der Industrialisierung wurden ca. 50 - 60% des hergestellten Salzes zur Lebensmittelkonservierung, 30 - 40% für den Verbrauch durch Mensch und Vieh verwendet. Heute ist Salz zwar nach wie vor der wichtigste aller Würzstoffe, jedoch beträgt der Anteil des Speisesalzes nur noch 6% der Weltproduktion. Die größte Menge hiervon dient der Nahrungsmittelindustrie als Geschmacksverbesserer und Konservierungsmittel. Nur ein verschwindend geringer Rest (0,25%) wandert schließlich in unsere Küchen. Wenn wir unsere Salzaufnahme regulieren wollen, sollten wir daher bedenken, daß wir das meiste Salz über Käse (hier sorgt Salz für Geschmack und Rindenbildung), Wurst, Fisch, gepökelte Lebensmittel und Konserven aufnehmen. Die Prise auf dem Frühstücksei ist noch das Geringste ...

Chemischer Rohstoff (65%)

Die größte Menge der Weltsalzproduktion (65%) wandert in die chemische Industrie, wo es insbesondere zur Gewinnung von Natriumverbindungen (Natronlauge, Soda), Salzsäure und Chlor benötigt wird. Für viele Lacke, Farben sowie Wasch- und Putzmittel dient Salz dadurch als Rohstoff.

Technisches Hilfsmittel (12%)

Darüber hinaus dient Salz auch in anderen Industriezweigen als technisches Hilfsmittel. Seine vielseitigen Verwendungsmöglichkeiten erstrecken sich hier von der Wasserenthärtung (Entkalkung), über Trocknungsprozesse (Salz entzieht Wasser z. B. bei der Heizöl- und Benzinproduktion), Kühlung (Kühlsole beim Bohren), Textilveredelung,

Konservierung (z. B. von Fellen in der Ledergerberei) bis hin zum Aussalzen bei der Verseifung von Fetten, zur Glasproduktion und zum Glasieren von Keramik.

Straßenwinterdienst (11 %)

Ein sehr großer Teil des Salzes, immerhin fast das Doppelte der Speisesalzproduktion, dient trotz ökologischer Probleme noch immer als Streusalz auf unseren Straßen. Der hohe Salzeintrag in den Boden führt hier leider zu nachhaltigen Schäden ganzer Ökosysteme.

Abb. 29: »Bei Eis und Schnee ...«, Plakat 1955

Landwirtschaft (4%)

Immerhin 4% der Weltsalzproduktion gelangen in die Landwirtschaft, wobei sich der Löwenanteil hier in Düngemitteln findet. Das bereits erwähnte Lecksalz fürs Vieh spielt eine untergeordnete Rolle

Sonstige Verwendung (2%)

In diese letzte Rubrik entfallen u. a. die Verwendung von Salz im Haushalt (Wasserenthärtung, Wasch- und Putzmittel) und in der Medizin. Hier findet es sich einerseits als Rohstoff für Medikamente, andererseits in Salzkuren (Solegaben, Inhalationen) oder als Infusionen bei starkem Flüssigkeitsverlust (bei extremem Schwitzen, Erbrechen, Durchfall, Unfällen usw.). Dabei kann Salz unmittelbar lebensrettend sein.

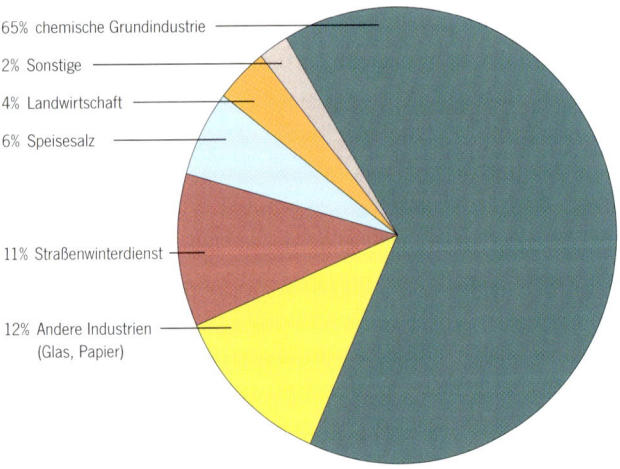

Abb. 30: Die Verwendung von Salz

Bedeutung und Mythologie des Salzes

Der römische Staatsmann und Gelehrte Flavius Magnus Aurelius Cassiodor brachte es auf den Punkt: »Auf Gold kann man verzichten, nicht aber auf Salz.«* Und so war Salz von alters her das »weiße Gold«, eine große Kostbarkeit. Im alten Ägypten stand nur Pharaonen das Salz als Opfergabe zu. Die römischen Soldaten wurden mit Salz bezahlt. Wir kennen vielleicht noch den etwas altmodischen Begriff »Salär« (engl. »salary«) für Gehalt. Der »Heller« war eine Münze, deren Name von dem keltischen Wort »Hall« stammt. Auch »Hall« bedeutet »Salz«. Und Marco Polo schließlich bereiste in China eine Provinz, in der Gold gegen eine Salzmünze getauscht wurde.**

Die Salzgewinnung und der Handel mit Salz verschafften vielen Menschen Lohn und Brot. So kam ein Viertel der bayerischen Steuereinnahmen in früheren Zeiten vom Salz.✣ Viele Städtenamen weisen noch auf die wichtigen Salzfunde hin: Bad Friedrichshall, Schwäbisch Hall, Bad Reichenhall (reich an Hall), Hallstatt, Hallein, Salzburg, Salzgitter, Bad Salzuflen usw. Von diesen Orten spannen die Salzstraßen schon im 5. Jahrhundert v. Chr. ihr Netz zu Städten und Märkten, wo das seltene »Gewürz« teuer gehandelt wurde.

Der Name Salz

Die Herkunft des Namens Salz geht auf die indogermanische Wurzel »sal« (»bleich, grau«) zurück, die sich in Salz, Saal und Seele findet. Ein Zusammenhang zum Meer, zur See, besteht offensichtlich, da einerseits Salz aus dem Meer gewonnen wurde, andererseits in der germanischen Mythologie auch die Seelen dem Wasser entstammen.

* Cassiodor, ca. 485 – 580, zitiert nach www.wasserundsalzinfo.de
** www.salzbergwerk-berchtesgaden.de   ✣ Reichenhaller Salzbibliothek Bd. II

Auch das griechische Wort »hals« (= »Salz«), dem die mineralogische Bezeichnung »Halit« entstammt, leitet sich von »halos« = »Meer« ab. Salz besitzt also offensichtlich eine Beziehung zum Raum (Saal, Halle) und zur Seele, wie auch Mythologie und Heilkunde zeigen.

Mythologie und Brauchtum

Salz war ein Symbol des Lebens, des Glücks, des Reichtums und der Gesundheit. Unzählige Riten und Bräuche ranken sich darum.* Teilte man Salz mit anderen, so zeigte man sich bereit, sein Glück zu teilen. Salz symbolisierte Freundschaft. Mit Salz wurden Bündnisse besiegelt, auch der Ehebund, und bis in die Neuzeit hat sich der Brauch erhalten, einen Gast mit Salz, Brot und Wein zu bewirten, um Geist (Salz), Seele (Wein) und Körper (Brot) zu verbinden. So sagt auch ein Sprichwort des Altertums: »Man kennt einen Menschen nicht, ehe man einen Scheffel Salz mit ihm gegessen!« Durch alle Mythen, von der Antike bis zur Neuzeit und vom Mittelmeer bis in nordische Gefilde, ziehen sich drei Grundqualitäten des Salzes: seine Fähigkeiten, zu schützen, zu reinigen und zu heilen.

Schutz

Bei allen wichtigen Anlässen des Lebens, bei der Geburt, Taufe, Hochzeit, während des Essens und Schlafs, in der Fastenzeit, beim Antritt von Reisen, auf dem Sterbebett oder beim Begräbnis wurde Salz als Schutz gegen Hexerei und Schadenszauber ausgestreut oder in die Luft bzw. ins Feuer geworfen. Besonders rührend ist in diesem Zusammenhang der Brauch besorgter Mütter, ihren ausgehenden Töchtern Salz in die Kleidung zu geben oder hinterherzustreuen, damit diese sich nicht mit den jungen Männern einlassen.

* *Handwörterbuch des deutschen Aberglaubens*, Walter de Gruyter Vlg., 1987

Abb. 31: Salzgefäße an europäischen Königshöfen

Salz wurde außerdem in die Baugrube gestreut, bevor man das Fundament legte, und vor dem Einzug in neue Häuser oder Ställe gestreut. Salz schützte die Ernte bei der Einlagerung und das Vieh beim Austrieb. Aus dem Fenster geworfen, sollte es vor nahendem Gewitter schützen, beim Backen und Kochen böse Geister fernhalten.

Bei den Griechen und Römern wurde Salzwasser als Weihwasser sowie als Schutz- und Abwehrzauber verwendet. Im Mittelalter sprach man ihm die Kraft zu, Dämonen zu vertreiben, wozu es sowohl im katholischen als auch im späteren protestantischen Ritus verwendet wurde. Daher war auch der ursprüngliche Taufritus nicht nur eine Wassertaufe, sondern eine Reinigung mit Wasser, ein Prozeß der Öffnung und Segnung durch das Salben mit Öl, und abschließend folgte der Schutz durch das Salz.

Als Schutzsymbol und damit als Garant für Glück und Reichtum wurde Salz immer heilig gehalten. Es unvorsichtigerweise zu verschütten, brachte Unglück, es bewußt auszustreuen oder über die Schulter zu werfen, brachte dagegen Glück und bewahrte vor Schaden. Auch dieser

Glaube hat sich bis heute erhalten und zieht mit den »Abenteuern des Tom Sawyer und Huckleberry Finn« (Mark Twain) noch immer in die meisten Kinderzimmer ein.

Reinigung

Doch nicht nur für Schutz und Abwehr, sondern auch zum Auflösen bestehender Schwierigkeiten wurde Salz verwendet: Um die Atmosphäre eines Hauses von Streit und Unfrieden zu befreien, wurde ein Salzkreis darum gezogen oder die Stube mit Salz bestreut und anschließend ausgefegt. Auch verstorbene Seelen sollten durch Salz aus ihrer Verhaftung an das irdische Dasein befreit werden, damit sie Wohnungen und Häuser verlassen konnten.

Das Lösen von Verhaftung ist ein großes Thema in der Mythologie des Salzes. Um einen friedlichen Tod zu erleichtern, wurde Salz ins Feuer gestreut, wenn ein Verwandter auf dem Sterbebett lag. Es sollte ihm helfen, sich zu verabschieden und den Weg zum Himmel zu finden. Aber auch das Loslassen von Gewohnheiten, Ängsten, Sorgen, Depressionen, das Überwinden all der »Quälgeister« des Menschen sollte das Salz bewirken.

Heilung

Da Salz die Eigenschaft hat, Totes vor Zerfall und Verwesung zu bewahren, wurde in ihm eine besondere lebensspendende Kraft vermutet. Schon die Germanen sahen im Salz die – ansonsten unmögliche – Verbindung zweier gegensätzlicher Elemente, des Feuers und des Wassers. Salz war für sie daher etwas unmittelbar Göttliches. In der germanischen Überlieferung waren insbesondere Salzquellen »dem Himmel nahe«: Gebetsstätten also, an welchen Wünsche erhört und Krankheiten geheilt wurden. Dieses Element finden wir im Mittelalter wieder, wo Salz als »Übermittler göttlicher Segenskraft« bezeichnet wird, und ebenfalls in den christlichen Taufriten, die vom »Salz der Weisheit« sprechen.

Daher galt Salz auch als Krankheits-Orakel: Wurde Salz in der Hand beim Betreten des Krankenzimmers schnell feucht, so galt dies als Zeichen, daß die Krankheit nicht heilbar sei, blieb es dagegen trocken, war die baldige Genesung sicher. Salz galt als generelles Heilmittel gegen alle Krankheiten. Es wurde für Bäder, Fußbäder, Abreibungen, Waschungen und zur Wunddesinfektion verwendet. Über den Kranken geworfen, sollte es Fieber vertreiben.

Die innere Einnahme half gegen Ohnmacht und Schwächeanfälle, äußerlich wurde es gegen Juckreiz, Geschwüre und Ausschläge verwendet. Als Schutz in einem Beutel getragen, sollte es Ansteckung verhindern. Salzwasser-Fußbäder wurden gegen Kopfschmerzen, ausbleibende Menstruation und Impotenz angewandt, im Essen half es Heimweh und Liebeskummer zu lindern. Darin mag die alte Weisheit wurzeln, die vom versalzenen Essen auf verliebte Köche schließt. Eine sympathiemagische Behandlung von Krankheiten empfahl, ein Loch im Garten auszuheben, Salz hineinzustreuen und darauf zu urinieren. Das sollte an drei Tagen schweigend wiederholt werden. Das Loch wurde anschließend wieder gefüllt und mit Grassode bedeckt. Schon nach wenigen Tagen sollte auf diese Weise jede Krankheit Linderung oder Heilung finden.

Welche Eigenschaften besitzt Salz?

Viele der vorgenannten Mythen besitzen offenbar einen wahren Kern. Interessant ist, wie gesagt, daß bereits die Germanen im Salz die Vereinigung zweier gegensätzlicher Elemente – des Feuers und des Wassers – sahen. Denn tatsächlich ist eine Besonderheit des Salzes, daß es die Verkörperung zweier Gegensätze darstellt, die sich in vollkommener Ausgewogenheit befinden. Wie schon gesagt, liegen Natrium und Chlor im Salz genau im Verhältnis 1 : 1 vor. Natrium als Metall, Chlor als Nichtmetall. Zudem hat Natrium die Eigenschaft, mit Wasser eine basische Verbindung, die Natronlauge, zu bilden. Chlor dagegen bildet mit Wasser eine Säure, die Salzsäure.

Lauge und Säure

In diesen Verbindungen entpuppt sich die Gegensätzlichkeit der beiden Elemente besonders deutlich: Natrium als Laugenbildner, Chlor als Säurebildner. Natronlauge ist in konzentrierter Form fest, sie liegt dann als weiße, ätzende Substanz vor (Natriumhydroxid, sog. »Ätznatron«). Salzsäure ist in konzentrierter Form dagegen gasförmig. Sie entweicht als giftiges Chlorwasserstoff-Gas. Lediglich zum Wasser haben beide Verbindungen eine sehr enge Beziehung – sie sind gut löslich: Natronlauge bildet bis zu 52%ige, Salzsäure bis zu 38%ige Lösungen.[*]

In konzentrierter Form, sozusagen im Extrem, sind beide Verbindungen ätzend, d.h. zerstörerisch. Der Unterschied besteht darin, daß die Natronlauge eine verdichtende Natur zeigt – sie wird fest – während sich die Salzsäure verflüchtigt. Aus diesem Grund bildet die Salzsäure im Vergleich auch keine so hohen Konzentrationen: Ab ca. 36% beginnt sie »zu rauchen«, d.h. man sieht, wie das Gas dem Wasser entweicht.

In verdünnter Form werden weitere Aspekte deutlich: Die Salzsäure ist noch immer ätzend, greift Metalle und viele andere Verbindungen an. Besonders eindrücklich ist z.B. das Aufschäumen des Kalks, während er von der Salzsäure zersetzt wird. Die Säure also ist zersetzend, sie greift an, löst auf, zerfrißt und fördert den Zerfall.

---

[*] Das bedeutet, daß in 100 g wäßriger Lösung bis zu 52 g Natronlauge oder 38 g Salzsäure gelöst sein können.

Anders die Lauge: Diese offenbart nun umhüllend-bergende Eigenschaften. Wenn man blaues Kupfersulfat vorsichtig in Natronlauge eintropft, so läßt sich beobachten, daß sich die blauen Tröpfchen zunächst nicht, wie erwartet, auflösen. Sie bleiben vielmehr in ihrer Form erhalten, umhüllt von feinen Häutchen und Schleiern der Lauge. In Verbindung mit Fetten bildet Natronlauge Seifen, deren Funktion ja ebenfalls das Umhüllen anderer Partikel ist.

Schutz und Auflösung

Natrium steht als Laugenbildner also für umhüllende, bergende, schützende Prozesse, für Vorgänge der Abgrenzung und Verdichtung. Chlor als Säurebildner steht dagegen für aggressive, auflösende, durchdringende Prozesse, für Vorgänge der Öffnung und Freisetzung. Hier finden wir Schutz und Reinigung – genau die Themen der Mythologie!

Bringen wir nun Natronlauge und Salzsäure zusammen, so entsteht unter starker Erwärmung (Energie-Freisetzung) Salz und Wasser! Dies sind zwei existentielle Substanzen, die beide auf ihre Weise die Ausgewogenheit des sauren und basischen Charakters verkörpern. Salz, da es Säure und Lauge zu einer neutralen Substanz verbindet – und Wasser, das an sich neutral ist, in bestimmten Situationen jedoch wahlweise Säuren- oder Laugencharakter annehmen kann.

Aus diesem Grund zeigt Salz sehr gegensätzliche Wirkungen. Es kann seinen Säurecharakter präsentieren und stark auflösend sein, wie wir es Winter für Winter erleben: Mit Salz brechen wir die festen Strukturen des Eises, so daß es auch unter 0° C schmilzt. – Doch undankbarerweise begnügt sich das Salz nicht mit dem Eis, sondern fährt damit fort, auch die Strukturen unserer Autobleche aufzubrechen und in bester Säuremanier das Metall aufzulösen.

Auf der anderen Seite gibt es jedoch auch Bereiche, in denen der schützend-umhüllende Laugencharakter zum Vorschein kommt. So ist Salz ein hervorragendes Konservierungsmittel, das leicht verderbliche

Lebensmittel über erstaunliche Zeiträume haltbar machen kann. Und so wie es den Gefrierpunkt des Wassers senkt und Eis auflösen kann, so erhöht Salz zugleich den Siedepunkt über 100° C hinaus, d. h. hier wirkt es zusammenhaltend.

Die Verbindung zum Wasser

Zu guter Letzt zeigt sich noch ein dritter Effekt. Sowohl der Natronlauge als auch der Salzsäure ist eine enge Beziehung zum Wasser zu eigen. Und die bleibt auch im Salz erhalten: Salz ist wasserlöslich – eine wichtige Voraussetzung, wie wir nun wissen, daß es überhaupt in reiner Form entstehen kann – und zudem stark hygroskopisch (»wasseranziehend«). Dies wird technisch z. B. zur Trocknung von Benzin und anderen Substanzen eingesetzt, deren Wassergehalt mit Hilfe von Salz entzogen wird. Zuhause erleben wir es mitunter am Frühstückstisch, wenn der Salzstreuer mal wieder kein Körnchen freigibt, da das Salz zu viel Luftfeuchtigkeit aufgenommen hat und dadurch verklumpt.

Was macht Salz im Körper?

Die enge Beziehung von Salz und Wasser spielt nun auch in unserem Körper eine wichtige Rolle. Durch seine Fähigkeit, Wasser an sich zu ziehen, reguliert Salz die Flüssigkeitsverteilung im Körper. Haben z. B. Zellen mehr gelöste Stoffe in sich, als ihre Umgebung, so strömt Wasser in sie hinein. Befinden sich dagegen mehr gelöste Stoffe im Zwischenraum der Zellen, verlieren diese ihr Wasser. Dieser Vorgang wird Osmose genannt.* Daher steuert Salz als wichtigste Substanz in den Zwischenräumen der Zellen viele wichtige Körperfunktionen:

* Osmose = Lösungsmittelübergang, von griech. »osmos« = »Schub«

- Salz sorgt durch Regulierung der Osmose für eine **ausgewogene Flüssigkeitsverteilung** in und um die Zellen.
- Salz fördert daher auch die **Reinigung und Entschlackung des Gewebes**, wenn es mit viel Wasser aufgenommen wird.
- Salz trägt zur **Stabilität unseres Kreislaufs** und zur **Funktionsfähigkeit unseres Blutes** bei.
- Salz steuert die **Nierenfunktion** und reguliert damit einen wichtigen Anteil der gesamten **Entgiftung und Ausscheidung**.
- Salz reguliert die **Verdauung** im Magen, eine wichtige Grundlage für die gute **Aufnahme und Verwertung von Nährstoffen**.
- Salz ist wichtig für die Leitfähigkeit unserer **Nervenbahnen** und damit auch für die Tätigkeit des **Gehirns**!
- Salz spielt bei der Kontraktion der **Muskeln** eine wichtige Rolle und ist daher auch für die **Herztätigkeit** unbedingt notwendig.

Aus diesen Gründen hat Salz eine so zentrale Bedeutung für unseren Körper, daß es in Notfallsituationen, wie z.B. bei Schock und großem Blutverlust (Verletzungen) als Infusion in Form einer sog. »physiologischen Kochsalzlösung« (0,9 %) gegeben wird. Auf diese Weise hat Salz schon unzähligen Menschen das Leben gerettet.

Wichtige Begleitstoffe

Die genannten Wirkungen beziehen sich auf Natrium und Chlor. Natürliches Steinsalz beinhaltet jedoch weitere Stoffe mit wichtigen Funktionen. In der Häufigkeit ihres Auftretens sind dies folgende:

- **Schwefel** kommt im Salz als Sulfat vor. Im Körper ist er Bestandteil vieler Eiweiße und des Hormons Insulin. Er ist wichtig für das Bindegewebe und für die Entgiftung des Körpers.
- **Magnesium** ist der Gegenspieler* von Calcium. Es aktiviert über 300 Enzyme (Eiweiße, die Stoffwechselfunktionen steuern) und

---

* MIneralstoffe werden »Gegenspieler« oder »Antagonisten« genannt, wenn sie sich in der Aufnahme und ihren Funktionen gegenseitig regulieren.

regelt dadurch Stoffwechsel, Nervensystem, Hormonhaushalt und Energieumsatz. Es wird für Knochen, Zähne und Sehnen gebraucht, hemmt die Blutgerinnung und vermindert Ablagerungen in den Blutgefäßen. Magnesium ist entspannend und beruhigend.

- **Calcium** ist der Gegenspieler von Magnesium und vor allem für Knochen und Zähne wichtig. Außerdem wird es für die Funktion von Nerven- und Muskelzellen, die Herztätigkeit und die Blutgerinnung gebraucht. Calcium lindert Entzündungen.

- **Kalium** ist der Gegenspieler von Natrium. Es ist ebenfalls an der Regulierung des Wasserhaushaltes, der Nierenfunktion und der Steuerung des Säure-Basen-Haushaltes beteiligt. Es ist notwendig für die Erregungsleitung der Muskel- und Nervenzellen und für die Herztätigkeit. Auch Kalium aktiviert viele Enzyme (besonders im Zuckerstoffwechsel) und ist wichtig für die Verdauung.

- **Eisen** ist Bestandteil der roten Farbstoffe von Blut und Muskeln. Es ist vor allem für die Blutbildung und den Sauerstoff-Transport im Blut zuständig. Eisen ist wichtig für das Wachstum und das Immunsystem. Es ist an etlichen Stoffwechsel- und Entgiftungsvorgängen beteiligt und wichtig zur Streßbewältigung.

- **Jod** ist Bestandteil der Schilddrüsenhormone und damit wichtig für die Energiegewinnung im Körper sowie die Intelligenzentwicklung und das Wachstum bei Kindern.

Spurenelemente

Wir haben uns bis hierher auf jene Mineralstoffe beschränkt, die – mit Ausnahme von Eisen und Jod – praktisch immer im Steinsalz vorhanden sind. Etwa 10 bis 11 weitere Mineralstoffe kommen zwar gelegentlich in Spuren vor, insbesondere in »verunreinigten« Bereichen der Salzlagerstätten. Da Speisesalz jedoch nach dem »Codex Alimentarius« mindestens 97% Natriumchlorid enthalten muß, werden diese Salze eher als Lecksalz für Vieh genutzt oder raffiniert, d. h. künstlich gereinigt (vgl. auch das Kapitel »Die Qualität des Salzes«). Ihr Vorhandensein und eine evtl. Wirkung ist daher nicht sicher.

Zu diesen Spurenelementen zählen Bor, Brom (Bromide), Fluor (Fluoride), Kohlenstoff (organische Verbindungen, Carbonate), Lithium, Phosphor (Phosphate), Sauerstoff (Oxide), Silicium (Silikate), Stickstoff (organische Verbindungen), Strontium und Wasserstoff (organische Verbindungen, Säuren).

Eigenschaften und Wirkungen dieser Mineralstoffe finden Sie in Michael Gienger, »Die Steinheilkunde«, Neue Erde, Seite 96 - 127.

Kann der Körper mineralische Substanzen verwerten?

Daß unser Körper Salz samt seinen Begleitstoffen bei innerer Einnahme aufnehmen kann, ist gesichert. Umstritten ist in der Naturheilkunde oder Ernährungslehre jedoch, ob der Körper überhaupt in der Lage ist, mineralische (anorganische) Substanzen zu verwerten. Oft wird die Meinung vertreten, daß nur organisch gebundene Mineralstoffe dem Körper zugänglich sind.

Für viele schwer lösliche oder giftige Mineralstoffe wie Bor, Chrom, Fluor, Kobalt, Kupfer, Mangan, Molybdän, Nickel, Selen, Titan, Vanadium, Wismut, Zink, Zinn (alles wichtige Spurenelemente) und in gewissem Umfang sogar für Eisen, Schwefel und Silicium ist dies sicher richtig. Diese Stoffe sind entweder anorganisch kaum verwertbar, oder der Körper schützt sich gegen mögliche Vergiftungen (Überdosierung) mit einer heftigen Abwehr der anorganischen Form.

Für (in bestimmten Verbindungen) gut lösliche Mineralstoffe wie Aluminium, Brom, Jod und Strontium oder gar die wichtigen »Mengenelemente« des Körpers Calcium, Chlor, Kalium, Magnesium, Natrium und Phosphor trifft diese Behauptung jedoch nicht zu. Diese Stoffe werden vom Körper leicht aufgenommen und können – sofern notwendig – auch in der anorganischen Form gut verstoffwechselt werden. Gerade aus diesem Grund sind die Erfolge der Salztherapie überhaupt möglich.

Wann entstehen aus Mineralstoffen Schlacken?

Mitunter finden sich in der gegenwärtigen Literatur Hinweise, daß Mineralstoffe zu Schlackenbildung im Gewebe führen können. Das ist richtig – Schuld daran ist jedoch nicht der Mineralstoff, sondern meist unsere Ernährung, die zu einer Übersäuerung der Körperflüssigkeiten führt. Zuviel tierische Produkte sowie Zucker, Alkohol, Kaffee und Nikotin führen zu vermehrter Säurebildung im Körper. Gelingt es dem Organismus dabei nicht mehr, die Säuren über Atmung und Nieren auszuscheiden, so bindet er sie an Mineralstoffe und lagert sie im Bindegewebe ab. Dadurch entsteht Verschlackung. Die genutzten Mineralstoffe stellen dabei jedoch nicht die Belastung sondern die Hilfe für den Körper dar!

Vor diesem Hintergrund ist auch die Behauptung mancher Autoren und Händler, das eine Steinsalz (ihr eigenes natürlich) sei gut und das andere (von der Konkurrenz natürlich) sei schädlich für den Körper (da nicht verwertbar und schlackenbildend) blanker Unsinn. Es gibt kein »gutes« oder »böses« Natrium. Neben der o. g. Schlackenbildung wird es für den Körper nur dann problematisch, wenn von einem Mineralstoff zu viel oder zu wenig da ist. Und das ist z. B. das Problem raffinierter Salze: Ihnen fehlen bestimmte Begleitstoffe (vgl. das Kapitel »Die Qualität des Salzes«).

Und noch eines: Salz muß stets mit Wasser in ausgewogenem Verhältnis stehen – dann funktioniert der Organismus am besten!

Was sind die Heilkräfte des Salzes?

Wenn wir das Gesamtbild betrachten, das wir nun aus der Entstehung, Bildung, Struktur sowie den Eigenschaften und körperlichen Funktionen des Salzes gewonnen haben, so wird deutlich, daß sieben Aspekte grundlegend für die Heilkraft des Salzes sind:

1. Auslese, Läuterung und Reinheit

Seine Entstehung am Ende eines langen Ausleseprozesses machen es zu einem sehr reinen, fast schwermetall- und radioaktivitätsfreien Gestein, dessen läuternde, befreiende und reinigende Wirkung in vielen Traditionen und Überlieferungen fest verwurzelt ist.

2. Die enge Beziehung zum Wasser

Seine enge Beziehung zum Wasser verursacht die gute Wasserlöslichkeit (ohne die es auch im Körper nicht die wichtige Rolle spielen könnte, die es spielt) und macht es hygroskopisch, also stark Wasser anziehend.

3. Der Säurenanteil

Der Säurecharakter des Chlors wirkt auflösend, zersetzend, Strukturen sprengend, befreiend und verflüchtigend.

4. Der Laugenanteil

Der Laugencharakter des Natriums wirkt umhüllend, schützend, bewahrend, verdichtend, Strukturen bildend und konservierend.

5. Das Gleichgewicht der Gegensätze

Eine Besonderheit ist dabei noch, daß Säure- und Laugencharakter im Salz völlig im Gleichgewicht sind (Verhältnis 1 : 1)! Dadurch repräsentiert Salz die Harmonie der Gegensätze – und dadurch reagiert es zwar mitunter gegensätzlich, jedoch *immer ausgleichend* im Bezug zur vorliegenden Situation:

Trifft Salz auf sehr festgefügte Strukturen, wie z. B. das Kristallgitter des Eises oder einer Metall-Legierung, so präsentiert es ausgleichend seinen Säure-Aspekt. Es beginnt, die bestehende Anordnung aufzulösen und bringt die Struktur in Bewegung.

Trifft es dagegen auf Strukturen, die im Begriff sind, zu zerfallen, oder auf Zustände ohne feste Struktur, so offenbart sich sein Laugencharakter: Es beginnt, zu umhüllen, Strukturen zu schaffen und zu festigen.

Diese Eigenschaften besitzt Salz nicht nur, wenn wir es stofflich zu etwas hinzugeben. Auch als Information vermittelt sein Säureanteil den Impuls, freizugeben, loszulassen oder aufzulösen, wenn zu viel Festhalten, Begrenzung oder Erstarrung vorhanden ist. So wird Salz sowohl in den genannten alten Bräuchen als auch ganz praktisch in der heutigen Zeit dazu eingesetzt, aufgenommene und gespeicherte Information zu neutralisieren und zu löschen. In der Steinheilkunde wird Salz z. B. dazu verwendet, Heilsteine von aufgenommenen Krankheitsinformationen zu reinigen.

Auf der anderen Seite hilft sein Laugenanteil z. B. in der Homöopathie bei Empfindungen der Leere, bei Desorientierung, Kummer und Melancholie. Wenn zu wenig Halt, zu wenig schützende Hülle und zu viel unkoordinierte Bewegung da ist, dann wird Salz als sog. »Natrium muriaticum« (Natriumchlorid) eingesetzt, um Struktur, Halt und Schutz im Leben wiederzugewinnen.

6. Die kubische Kristallstruktur

Als sechster Aspekt ist aus der Steinheilkunde außerdem bekannt, daß die verschiedenen kubischen Mineralien aufgrund ihrer Kristallstruktur Eigenschaften ähnlicher Art besitzen. Als Heilsteine ist allen kubischen Mineralien gemeinsam, daß sie die Themen Ordnung und Regelmäßigkeit repräsentieren. Sind wir in unserem Leben durch zu feste Ordnungsprinzipien und durch ein zu starkes Festhalten an bestimmten Plänen und Abläufen erstarrt, unbeweglich und stur geworden, so helfen kubische Mineralien, mehr Flexibilität, Freiheit und Beweglichkeit wiederzugewinnen.

Fehlen uns dagegen ordnende Strukturen, fällt es uns schwer, Rhythmus und Regelmäßigkeit im Leben zu bewahren, und entgleiten uns immer wieder die Zügel unseres Lebens, so können kubische Mineralien helfen, einen Sinn für Ordnung und Regelmäßigkeit zu entwickeln und beides allmählich ins Leben zu integrieren.

Da auch Salz zu den kubischen Mineralien zählt, wird die harmonische Polarität der Substanzen Natrium und Chlor zusätzlich durch die Eigenschaften der Kristallstruktur unterstrichen. Dadurch wird Salz zu einer nahezu perfekten, heilkundlich äußerst interessanten Substanz!

7. Die lebensnotwendige Substanz

Die vielen wichtigen Funktionen des Salzes im Körper machen abschließend deutlich, daß Salz tatsächlich eine lebensnotwendige Substanz ist. Keine Zelle unseres Körpers könnte ohne Salz existieren, unser Herz könnte ohne Salz nicht schlagen, alle Nerven wären lahmgelegt, Muskeltätigkeit, Blutzirkulation, Stoffwechsel, Verdauung und Ausscheidung wären unmöglich.

Salz ist Leben! – Kann Salz daher überhaupt schädlich sein? Ja, wenn wir zuviel davon zu uns nehmen. Im Grunde ist es tatsächlich wie mit dem Leben selbst: Wer zu schnell lebt, ist schneller fertig! Ebenso bringt zu viel Salz (oder zu wenig Wasser!) genau das aus der Bahn, was es sonst so wunderbar im Gleichgewicht hält. Unter normalen Umständen benötigen wir ca. 3 - 6 g Salz täglich, d. h. etwa 2 kg pro Jahr. Der reale Verbrauch liegt jedoch bei 4 - 6 kg pro Jahr!

Das meiste davon nehmen wir versteckt in Lebensmitteln zu uns (vgl. das Kapitel »Wie wird Salz verwendet?«). An dieser Stelle ist es mitunter ratsam, sparsamer zu werden, zumal viele Lebensmittel und Konserven in der Regel raffiniertes Salz enthalten.

Die Qualität des Salzes

Auch wenn gelegentlich schon in den vorangegangenen Kapiteln der eine oder andere Hinweis enthalten war, daß manche Aussagen der aktuellen Literatur über Natur und Wirkung des Salzes nicht ganz der Wahrheit entsprechen, so müssen wir hier doch vorausschicken, daß nirgendwo sonst mehr Phantasiemärchen oder wissentliche Lügen verbreitet werden, als beim Thema »Salz-Qualität«. Der Grund dafür ist ebenso einfach wie einsichtig: Wer das beste Salz hat, kann den höchsten Preis dafür verlangen! Daher sind vor allem Autoren, die Tantiemen aus dem Salzhandel beziehen, hier besonders kreativ.

Vorsicht Falle!

Aus diesem Grund müssen wir leider dieses Kapitel zunächst mit einer Auflistung all dessen beginnen, was zwar behauptet wird, jedoch absolut falsch ist. Behauptet wird derzeit:

Das sog. »Himalaya-Kristallsalz« würde insgesamt 86 chemische Elemente enthalten und sei aufgrund dieser »Ganzheitlichkeit« besonders hochwertig. Das ist falsch. Es gibt kein Salz, in dem bisher mehr als 36 Elemente nachgewiesen wurden!

Das sog. »Himalaya-Kristallsalz« würde aus einem Nachbartal des Hunza-Tales stammen, dessen Bewohner bekanntlich überdurchschnittlich alt würden. Grund dafür wäre das besagte Salz. Das ist falsch! Das sog. »Himalaya-Kristallsalz« stammt gar nicht aus dem Himalaya, sondern aus der Salt Range südlich Islamabad.

Das sog. »Himalaya-Kristallsalz« wäre unter besonders großem Druck entstanden, wodurch das Salz eine höhere Ordnung besäße, welche ihm eine außergewöhnliche Heilkraft verleiht. Das ist falsch. Die Druckverhältnisse von Salzstöcken sind weltweit ähnlich. Zudem wird aufgrund der Plastizität des Salzes dessen Ordnung durch Druck nicht erhöht, sondern vermindert!

Die Mineralstoffe im sog. »Himalaya-Kristallsalz« seien durch den hohen Druck verkleinert worden und dadurch für den Körper besser verwertbar. Aus diesem Grund sei das sog. »Himalaya-Kristallsalz« ein gegenüber anderen Salzen ganz außergewöhnliches Heilmittel. Das ist nicht nur falsch, sondern ausgemachter Quatsch. Kein Mineralstoff, kein chemisches Element kann durch irgendeinen auf der Erde herrschenden Druck verkleinert werden. Auch das Kristallgitter von Salz entsteht nicht durch Druck, sondern – wie Sie im Kapitel »Wie bildet sich Salz« nachlesen können – einfach durch die elektrische Anziehung von Natrium und Chlor.

Wir könnten noch viele witzige und ärgerliche Stilblüten über die Qualität von Salz auflisten, möchten es jedoch dabei belassen und an dieser Stelle deutlich festhalten:

Keine der großen Salzlagerstätten der Welt ist generell besser oder schlechter als eine andere! Es gibt Qualitätsabstufungen und Verunreinigungen in jeder Lagerstätte. Hochwertiges, heilkundlich verwendbares Salz gibt es in allen Kontinenten der Erde! Das sog. »Himalaya-Kristallsalz« aus der Salt Range zählt dazu, ebenso jedoch das polnische, deutsche, amerikanische und viele anderen Salze der Welt!

Die Qualität von Salz hängt nicht von einem bestimmten Fundort, einer bestimmten Marke, einem bestimmten Unternehmen oder gar einem Zertifikat ab! Die Qualität von Salz folgt objektiven Kriterien, die Sie selbst beurteilen können! Wo Ihnen etwas anderes vorgemacht wird, geht es meist nur um Ihr Geld.

Qualitätskriterien

Wenn wir Qualitätskriterien für die heilkundliche Verwendung von Salz festlegen wollen, so können wir als Voraussetzung definieren, daß sich die Qualität des Salzes daran mißt, inwieweit es naturbelassen wurde und seine natürlichen Eigenschaften zeigt. Daraus ergibt sich eine klare, leicht nachvollziehbare Abfolge:

1. Salzkristalle

In vollendeter Form erscheint Salz im klaren, naturgewachsenen Salzkristall. Hier ist es am reinsten, in perfekter innerer Ordnung und drückt diese Ordnung auch in seiner äußeren Erscheinung aus. Salzkristalle sind ohne Zweifel die Top-Qualität des Salzes.

Abb. 32: Salzkristall

2. Kristallsalz

Abweichend zur üblichen Verwendung könnten wir »Kristallsalz« als die Qualitätsstufe bezeichnen, in der Salz beinahe zum Kristall wird. Es hat bereits eine perfekte innere Struktur, was an geraden, rechtwinklig zueinander stehenden Spaltflächen sichtbar wird, es fehlt ihm lediglich die vollendete äußere Form.

3. Steinsalz

Im Gegensatz dazu zeigt das naturbelassene, bergmännisch abgebaute Steinsalz keine oder nur wenige gerade Spaltflächen. Statt dessen

Abb. 33: Kristallsalz

bricht es überwiegend rauh und uneben. Das Kristallgitter ist hier durch Druck deformiert, man spricht vom »derben Salz«.

Diese drei Qualitäten sind für die heilkundliche Verwendung oder auch als Speisesalz empfehlenswert, sofern sie naturbelassen sind! Natürlich sind schöne Kristalle meist viel zu schade zum Aufessen, und Steinsalz ist für das Salzbad günstiger als Kristallsalz – doch alle drei Qualitäten können heilkundlich verwendet werden. Rote Farben im Salz sind durch Eisen verursacht und stören die Wirkung nicht, graue bis braune Farben stammen von organischen Substanzen.

Bitte beachten Sie, daß die Farben des Salzes meist nur im Salzstein erkennbar sind. Je mehr das Salz zerkleinert wird, desto heller erscheint es. Beim gemahlenen Salz verschwindet die Farbe mitunter ganz, das Salz wird hellgrau bis weiß, auch wenn es zuvor z. B. rötlich war.

Abb. 34: Kristallsalz und Steinsalz (Salzsteine und Granulat)

4. Raffiniertes Salz

Hierzu zählen künstlich gereinigtes Steinsalz, durch Bohrlochsolung gewonnenes Salz sowie Meersalz. Im Siedeprozeß gehen dem Salz viele Begleitstoffe verloren oder werden bewußt entzogen (z. B. Verunreinigungen des Meerwassers). Dadurch verarmt das Salz jedoch und wird minderwertiger.

5. Salz mit künstlichen Zusätzen

Als definitiv kritisch bis gefährlich sind jedoch Salze mit künstlichen Zusätzen einzustufen. Kritisch sollten wir schon bei »Rieselhilfen« sein, meist Silikate oder Carbonate, aber auch künstliche chemische Substanzen, die das Verklumpen durch Flüssigkeitsaufnahme bei gemahlenem Salz verhindern sollen. Diese Stoffe sind auf jeden Fall überflüssig, ein paar Körnchen Reis im Salzstreuer tun's auch!

Direkt gesundheitsschädlich können jedoch die beliebten Zusätze Jod und Fluor werden. Jod insbesondere bei Menschen mit Schilddrüsenüberfunktion, die extrem unter der allgegenwärtigen Zwangsjodierung von Lebensmitteln leiden. Und Fluor ist im Salz schlicht überflüssig, es wird hier nur zur billigen Entsorgung chemischer Abfallprodukte zugesetzt.

Da Jod und Fluor im Salz tatsächlich größere Probleme bereiten können, haben wir diesen Substanzen zwei extra Abschnitte gewidmet. Vorneweg läßt sich jedoch schon sagen:

Auch beim Salz ist Reinheit und Naturbelassenheit das oberste Gebot!

Jodsalz

Jodsalz ist ein trauriges Beispiel für die »Verschlimmbesserung« einer kostbaren Natursubstanz durch den Menschen! Nachdem man zuvor alle natürlichen Mineralstoffe und Spurenelemente aus dem raffinierten

Salz entfernt hat, fügt man nun wieder ein Element hinzu: Jod. Es wird behauptet, Deutschland sei ein Jodmangelgebiet. Und um der Schilddrüse genug Jod für die Bildung ihrer Hormone zu sichern, müßten die Menschen mehr Jod bekommen. Deshalb wird seit Mitte der 90er Jahre kräftig für Jodsalz geworben. Aber selbst die Weltgesundheitsorganisation stuft unser Land nur als leichtes bis mittleres Jodmangelgebiet ein. Hinzu kommt, daß kein anderes europäisches Land über so viele jodhaltige Heilbäder verfügt wie Deutschland. Gerade in Süddeutschland, das ja angeblich jodarm ist, gibt es eine ganze Reihe davon. Außerdem ernährt sich heute kaum jemand mehr ausschließlich von Obst und Gemüse aus der Region, in der er wohnt. Das heißt, selbst wenn die Böden hier tatsächlich jodarm wären, würde das noch lange nicht bedeuten, daß wir zu wenig Jod über die Nahrung bekommen.

Leider weiß niemand so ganz genau, wie viel Jod die Schilddrüse wirklich braucht, um keinen Mangel zu leiden.* Es gibt dafür keine zuverlässige Meßmethode. Hinzu kommt, daß der Bedarf wohl individuell unterschiedlich sein kann. Auf jeden Fall sind es nur winzige Mengen Jod im Millionstelgrammbereich, die täglich gebraucht werden. Aber selbst wenn wir in Deutschland wirklich einen Jodmangel hätten, würde es uns wenig nützen, mehr Jod mit der Nahrung aufzunehmen. Denn das Problem liegt an einer ganz anderen Stelle. Wenn wir über die Nahrung und das Trinkwasser Nitrat und Huminsäure aufnehmen, dann kommt es in unserem Körper durch diese beiden Stoffe zu einer Störung der Jodverwertung. Das heißt, wir können unserem Körper viel Jod zuführen und dennoch wird es ihm nicht viel nützen, weil er es gar nicht in die Schilddrüse einbauen kann. Auf diese Weise kann dann tatsächlich für die Schilddrüse ein Jodmangel entstehen. Den müßte man aber auf einem ganz anderen Weg angehen, nämlich durch einen Verzicht auf die Überdüngung der Böden und einen Verzicht auf Massentierhaltung.

* Bruker/Gutjahr, *Störungen der Schilddrüse*, 3. Aufl. 2000

Der schwerwiegendste Nachteil der allgegenwärtigen Jodierung entsteht aber für Menschen, die Jod meiden sollten. Das sind vor allem Menschen mit einer Schilddrüsenüberfunktion bzw. sog. »heißen Knoten« in der Schilddrüse. Ein »heißer Knoten« ist eine Stelle im Schilddrüsengewebe, die unabhängig vom Regelmechanismus der Hirnanhangdrüse Hormon produziert, so daß zu viele Schilddrüsenhormone ins Blut gelangen. Die Schilddrüsenhormone regulieren die Geschwindigkeit unseres Stoffwechsels. Wenn zu viele Schilddrüsenhormone im Blut unterwegs sind, dann ist das, als würde jemand viel zu stark aufs Gaspedal drücken: Alles läuft zu schnell. Es entstehen Beschwerden wie Nervosität, Unruhe, Reizbarkeit, Ungeduld, Zittern der Hände, Schlafstörungen, Angina pectoris, schneller Puls bis Herzrasen, hoher Blutdruck, Gefühl von Lufthunger, warme, feuchte Haut, häufiges Schwitzen, Durchfall, Heißhunger, Gewichtsverlust, obwohl viel gegessen wird, vermehrter Haarausfall, Knochenschmerzen (weil auch der Knochenumbau und Knochenabbau beschleunigt ist). Die Herzbeschwerden können so heftig sein, daß sie einem Herzinfarkt ähneln. Wenn solche Menschen zu viel Jod aufnehmen, können sie in eine lebensgefährliche Überfunktionskrise der Schilddrüse geraten.

Das allgegenwärtige Jod erschwert die Behandlung von Schilddrüsenüberfunktionen erheblich. Könnten die Betroffenen wirklich Jod ausweichen, dann könnte diese Störung bei den meisten Menschen mit Medikamenten gut behandelt werden. So aber wird immer häufiger eine Schilddrüsenoperation nötig. Oft entwickelt sich etliche Jahre nach der Operation eine Schilddrüsenunterfunktion, die dann durch Hormontabletten ausgeglichen werden muß.

Andere Menschen reagieren allergisch auf Jod. Auch das kann zu lebensbedrohlichen Situationen führen. Dagegen scheint eine durch Jod ausgelöste Akne harmlos zu sein. Für die betroffenen Menschen ist es das aber ganz und gar nicht. Schließlich macht es niemandem Freude, mit einem durch eitrige Pickel, tiefen Narben und dicken Rötungen gezeichneten Gesicht von anderen angestarrt zu werden. Es

gibt noch eine ganze Reihe anderer Beschwerden, die durch Jod aus-
gelöst werden. Im »Pschyrembel«, dem bekannten klinischen Wörter-
buch, wird noch in der 256. Auflage unter dem Stichwort »Jodismus«
folgendes beschrieben: »Nach längerem Gebrauch von Jod (bes. Jod-
kalium) auftretende Krankheitserscheinungen: Jodschnupfen, Jod-
husten, Konjunktivitis (Bindehautentzündung, Anmerkung GG), Jod-
ausschlag. Bei vereinzelten Fällen bereits einige Std. nach der ersten
Dosis.« Merkwürdigerweise fehlt das Stichwort »Jodismus« in späteren
Ausgaben. Ein Übermaß an Jod im Blut von schwangeren Frauen kann
für das Kind in ihrem Leib, dessen Schilddrüse ja erst reift, zu einer
angeborenen Schilddrüsenstörung führen.

Nun ist das angeblich so gesunde Jodsalz inzwischen allgegenwärtig. Man findet kaum eine Bäckerei, eine Metzgerei oder eine Gast-
stätte, in der kein Jodsalz verwendet wird. Selbstverständlich sind so
gut wie alle Fertiggerichte mit Jodsalz angereichert, angefangen vom
Meerrettich im Glas bis hin zur Pizza aus dem Tiefkühlregal. Schwierig
wird es bei nicht abgepackten Lebensmitteln. Denn bei diesen muss
Jodsalz nicht als Zutat angegeben werden. Deshalb wissen viele Bäcker
gar nicht, ob in ihren Backmischungen Jodsalz enthalten ist oder nicht.
Es gibt noch eine sehr versteckte Quelle von Jod: tierische Produkte,
d. h. Fleisch, Eier, Milch und Milchprodukte. Denn Jod ist auch in den
Mineralfuttermischungen für die Tiere enthalten. Und jodempfindliche
Menschen reagieren auch auf solche tierischen Produkte.

Das I-Tüpfelchen auf der ganzen Geschichte ist folgendes: Es gibt
einen findigen deutschen Unternehmer, der Jod aus Sondermüll recycelt, aus so giftigen Substanzen wie Druckerfarbe, Desinfektionsmit-
teln, Röntgenkontrastmitteln und Katalysatoren.* An sich ist ja Recycling
eine gute Sache. Und wenn dieses Jod wieder verwendet wird, um solche
Substanzen wieder herzustellen, ist das sicher eine kluge Idee. Nur wenn
dieses Jod dann dem Speisesalz zugesetzt wird, das als Jodsalz im

* Die Firma Metall-Chemie Goerring (MCG) in Troisdorf

Supermarkt in den Regalen steht, dann hört der Spaß auf. Denn dieses wiedergewonnene Jod ist eine synthetische Jodverbindung, die nie ganz rein sein kann. Sie enthält zwangsläufig Verschmutzungen von dem Stoff, aus dem sie hergestellt wurde. Ganz abgesehen davon, daß auf der energetischen Ebene jeder Stoff seine Geschichte in sich trägt.*

Die Schlußfolgerung aus alldem:
- Verwenden Sie selbst kein Jodsalz.
- Vermeiden Sie fertige Speisen, die mit Jodsalz zubereitet wurden.
- Kaufen Sie nur biologisch angebaute Lebensmittel; denn damit unterstützen Sie den alternativen Landbau und tragen auf diese Weise dazu bei, daß unsere Böden und Gewässer weniger mit Nitraten belastet werden.
- Natürliche Jodquellen sind: Steinsalz (je nach Fundort und Begleitstoffen), Seefisch, Algen und Salicornia (eine Strandpflanze, als Pulver in der Apotheke erhältlich)
- Wenden Sie sich an die Politiker, damit die unsinnige Zwangsjodierung gestoppt wird.

Fluor im Salz

Neben der Jodierung ist auch der Fluor-Zusatz im Salz eine äußerst »delikate« Angelegenheit. Die Idee, Trinkwasser, Zahnpasta, Speisesalz und Tabletten mit Fluoriden zu versehen, ist nämlich nicht das Ergebnis einer sorgfältigen wissenschaftlichen Forschung. Nein, sie wurde aus einer Notsituation bestimmter Industriezweige geboren. Es fing damit an, daß in den Fünfziger Jahren des vergangenen Jahrhunderts die

---

* »Das Salz in unserer Suppe«, in: *Urheimische Notizen 1/2002* und Julia Pelke: »Tausendmal recycelt und immer wieder neu«, in: *General-Anzeiger*, Bonn, Bonner Zeitungsdruckerei und Verlagsanstalt Neusser GmbH, Justus-von-Liebig-Str. 15, 53100 Bonn, Lokalausgabe *Bonner Stadtanzeiger*, Dienstag, 12. November 1996; gefunden unter www.balance-online.de zum Stichwort »Jod«

Aluminium- und Stahlindustrie der USA auf großen Mengen Fluorverbindungen saß, die als Abfall entstanden waren. Eine ganze Zeit hatten die Fabriken diesen Abfall einfach in die Flüsse »entsorgt«. Aber dann war es im Columbiafluß zu einem großen Fischsterben durch das eingeleitete Natriumfluorid gekommen, ein starkes Gift (wie alle Fluoride). Die Aluminiumindustrie wurde deshalb im Dezember 1950 zu einer hohen Geldstrafe verurteilt. Wohin also mit all dem Gift? Nun, es gibt in den USA ein Institut, an das sich die Industrie wenden kann, wenn es Absatzschwierigkeiten gibt.* Dieses Institut erforscht dann neue Absatzmöglichkeiten. Ein Teil der Fluoride ließ sich als Ratten- und Insektenbekämpfungsmittel verkaufen. Auch zur Holzimprägnierung und zur Desinfizierung von Brauerei- und Destillationsanlagen wird es verwendet. Aber das war zu wenig, um die Abfallberge loszuwerden. Ein findiger Mann, Gerald G. Cox, erinnerte sich, daß Fluor Zahnkaries verhindern soll, und schlug vor, die Fluorabfälle dafür zu verwenden. Um das zu erreichen, war es notwendig, die Ärzte und Zahnärzte davon zu überzeugen, daß Fluor für die Zähne gut und für die Gesundheit harmlos sei, ja, daß Fluor ein notwendiger Nährstoff sei. Bis dahin wußte man in Fachkreisen, daß Fluor eines der schwersten Gifte ist. Doch die Umerziehung gelang tatsächlich. Cox hatte Beziehungen zu führenden Leuten in der Zahnärzteschaft und im Nationalen Forschungsrat (NRC). Diese Leute erhielten von der Industrie namhafte Forschungsbeiträge. Es kam tatsächlich so weit, daß das Fluor als ein Nährstoff bezeichnet wurde, der sich positiv auf die Zahngesundheit auswirke. Dabei wurde die Tatsache völlig außer Acht gelassen, daß die Bevölkerung mit den besten Zähnen in »fluorfreien« Gegenden lebt! Üblicherweise werden neue wissenschaftliche Ideen und Forschungsergebnisse in Versammlungen und Fachzeitschriften so lange diskutiert und in wiederholten Untersuchungen überprüft, bis eine Auffassung als gesichert gilt. Das geschah hier nicht. Es wurden statt dessen sog. Studienkomitees unter

* Mellon-Institut in Pittsburg

der Leitung von Werbefachleuten gebildet, die die übrigen Komiteemitglieder einseitig mit Informationen zugunsten der Fluoridierung versahen und jene, die Zweifel äußerten, als unzuständig, uninformiert und geschäftlich interessiert bezeichneten. Keine dieser vielen Körperschaften und Organisationen hat selbst wissenschaftliche Untersuchungen über die Wirksamkeit oder über die Unschädlichkeit des Fluors durchgeführt. Auf diese Weise entstand schließlich eine Lage, in der man für die Fluoridierung eintreten mußte, wenn man nicht sein Ansehen verlieren wollte. So kam es, daß die These von der gesundheitsfördernden Wirkung schließlich auch in der WHO akzeptiert und dort zur Grundlage einer weltweiten Kampagne wurde. Inzwischen ist es so, daß vor allem die Zuckerindustrie diese Kampagne unterstützt. Denn für sie ist es besonders wichtig, daß der Zuckerkonsum nicht gefährdet wird. Wenn die Menschen glauben, mit der Fluoridierung von Trinkwasser, Zahnpasta und Speisesalz sei der Zerfall ihrer Zähne ganz einfach zu verhüten, dann werden sie nicht auf die Idee kommen, ihre Ernährung zu ändern und weniger Zucker zu verbrauchen.

Auch in Deutschland wurde das Erfolgsrezept, wie man Fachleute vom Sinn der Fluoridierung überzeugen kann, in die Tat umgesetzt. Nachzulesen im Buch »Vorsicht Fluor« von Bruker und Ziegelbecker. Schon ab 1965 war es so weit, daß in der zahnärztlichen Fachpresse keine kritischen Artikel mehr erscheinen konnten. Auch von den Hochschullehrern wagte keiner mehr, sich gegen die Fluoridierung zu äußern. Damit wurde für alle seither ausgebildeten Zahnärzte die Fluoridierung zum Dogma, ohne daß irgend jemand diese These noch einmal überprüft. Und das, obwohl sich die Grundlagen der Fluoridierung – mathematisch überprüfbare Statistiken – als gefälscht herausgestellt haben.

Die Scheinprophylaxe der Karies verhindert eine ursächliche Behandlung der Krankheit. Die Ursachen von Karies sind in der Ernährung zu suchen, die zur Übersäuerung des Körpers führt, vor allem in zu vielen isolierten Kohlenhydraten, also raffiniertem Zucker und Auszugsmehlen. Wirklich tragisch an der ganzen Geschichte ist, daß die Fluoridierung außerdem selbst Schäden verursacht. Wenn dem Trinkwasser und dem Speisesalz Fluor beigemengt wird, kann niemand mehr kontrollieren, wie viel Fluor er oder sie zu sich nimmt.

Fluoride sind seit langem als starke Enzym-, Zell- und Speichergifte bekannt und belasten vor allem die Nieren, die Leber, das Herz (Enzymblocker im Herzmuskel) und das Skelett. Sie können außerdem das Nervensystem angreifen. In Gegenden, in denen das Trinkwasser von Natur aus Fluoride enthält, werden die Menschen krank davon und altern schnell. 1978 berichtete das Magazin »Stern« über das türkische Bergdorf Kizilcaoren westlich von Ankara. Dort sehen 40jährige Menschen wie Greise aus und fühlen sich auch so. Die Zähne sind krank und fallen früh aus. Die Menschen leiden an Erkrankungen der Knochen und Gelenke und ihre Gesichtshaut ist runzelig wie bei alten Menschen.*

Fluor ist im Körper ein Gegenspieler zu Jod und wird in der Medizin zur Bekämpfung von Schilddrüsenüberfunktion eingesetzt. Die Fluorzugabe zum Jodsalz bewirkt daher automatisch, daß die beabsichtigte Wirkung des Jods, nämlich die Anhebung der Schilddrüsenfunktionen, durch den Fluorzusatz wieder verlorengeht. Das Fluor verdrängt Jod in der Schilddrüse. Doch den Interessensgruppen, die hinter der Fluoridierung von Salz stehen, ist das egal. Hauptsache, das Fluor ist »entsorgt«!

Salz als Heilmittel

Die Verwendung von Salz zu Heilzwecken ist wahrscheinlich so alt wie seine gesamte Nutzung. Aufgrund seiner vielseitigen Eigenschaften bietet Salz eine Fülle verschiedener Anwendungsmöglichkeiten, innerliche wie äußerliche. Das gesamte Spektrum der »Salztherapie« beginnt im

---

* Ausführlich ist das nachzulesen in dem Buch von Dr. John Yiamouyiannis *Früher alt durch Fluoride*

Grunde schon im unterirdischen Salzstock und endet mit der feinstofflichen Information des homöopathischen Präparats. Folgen wir einmal diesem Weg vom Gestein bis zum Medikament.

Heilstollen

In vielen Kurorten wird heute das heilsame Klima ehemaliger Stollenanlagen des Bergbaus genutzt. Wenn die Arbeiten in einem Salzstollen einmal eingestellt und damit auch Staubentwicklungen und andere belastende Faktoren unterbunden sind, entwickelt sich in diesen Stollen ein heilsames »Raumklima«. Die staub- und allergenfreie Luft, die gleichmäßig hohe Luftfeuchtigkeit (80 %), die konstant niedrige Temperatur (12 °C) und die leicht salzhaltige Luft wirken sich wohltuend auf Haut und Atemwege aus. Vor allem die Atemwege werden entkrampft, Schleim kann sich lösen und Entzündungen heilen ab. Wissenschaftliche Untersuchungen unter der Führung des Institutes für medizinische Balneologie und Klimatologie der Universität München ergaben nach Abschluß einer dreiwöchigen Stollenkur wirksame Verbesserung bei Husten und Atemnot, verbesserte Schlafqualität, Linderung allergischer Reaktionen der Haut, z. B. auch bei Neurodermitis, sowie ein positiver Effekt noch nach sechs bis zwölf Monaten. Empfohlen wird die Kur im Heilstollen vor allem bei Atemwegserkrankungen wie Asthma bronchiale, chronische Bronchitis, Heuschnupfen u. ä. Man kann schon eine Linderung der Beschwerden spüren, wenn man sich zwei bis drei Wochen lang täglich zwei Stunden in einem solchen Heilstollen aufhält.

Doch glücklicherweise gibt es die Möglichkeit, in den Genuß der heilenden Wirkungen von Salz zu gelangen, auch wenn in der Nähe kein Salzstollen verfügbar ist. Die nächste Etappe auf dem Weg vom Salzstollen zum Medikament sind die bergmännisch abgebauten Salzsteine, die selbst in fester Form schon ein Heilmittel sind.

Abb. 35: Salzstollen

Salzsteine als Heilsteine

Auch die in den vergangenen Jahrzehnten neu etablierte Steinheil-kunde hat die Heilwirkungen des Salzes sehr schnell (wieder)entdeckt. Im Gegensatz zu den noch folgenden medizinischen Anwendungen, wird Salz in der Steinheilkunde jedoch nicht aufgelöst, sondern als fester Heilstein eingesetzt. Eine Wirkung tritt hier also nicht durch stoffliche Zufuhr, sondern auf der informell-energetischen Ebene ein. Damit ist die Steinheilkunde im Grunde der Homöopathie näher als der schulmedizi-nischen Nutzung.

Heilsteine werden in der Regel am Körper getragen, meist als Anhänger, Kette oder Schmuckstein, in der Hosentasche mitgeführt oder auf bestimmte Körperbereiche aufgelegt. Mitunter werden sie auch in der Umgebung aufgestellt: am Arbeitsplatz, neben dem Bett oder in einem anderen Bereich des eigenen Lebensraums. Aufgrund seiner Wasserlöslichkeit und möglicher Reaktionen mit Feuchtigkeit oder Hautschweiß ist die Anwendung von Salzsteinen gegenüber anderen Heilsteinen jedoch eingeschränkt.

Für Salz als Heilstein bieten sich daher folgende Möglichkeiten an:

1. Das **Tragen** von Salzsteinen in einem Stoffbeutelchen am Körper hat sich bewährt, um unerwünschte Hautreizungen zu vermeiden. Spezielle Schmucksteine aus Salz gibt es derzeit noch nicht – für die Zukunft sind sie jedoch durchaus denkbar.

2. Das **Mitführen** in der Hosentasche ist ebenso gut wie das Tragen am Körper, insbesondere wenn man die Salzsteine gelegentlich – bewußt oder unbewußt – in die Hand nimmt.

3. Das **Auflegen** von Salzsteinen für kurze Zeit ist auch unmittelbar auf der Haut möglich. Empfindungen oder schnell eintretende Rötungen zeigen hier oftmals die einsetzende Heilwirkung an.

4. **Salzstein-Massagen** mit glatten, abgerundeten Salzsteinen haben eine intensive, belebende Wirkung. Sie entspannen und machen zugleich wach und geistesgegenwärtig.

5. **Steinkreise** aus Salzsteinen zur Meditation oder als Ruheplatz sind besonders intensive Wirkungsfelder. Für einen Steinkreis werden 6 bis 12 Salzsteine im Kreis oder Oval ausgelegt, so daß man mit gutem Raumgefühl zwischen ihnen sitzen oder liegen kann. Manchmal werden Steinkreise auch um das Bett ausgelegt.

6. Zum **Aufstellen** in der Umgebung eignen sich Salzkristalle oder auch Steinsalz mit schönen Farben besonders gut. Die Wirkung der feinstofflichen Information wird hier durch die Ästhetik des Salzsteines zusätzlich bereichert.

7. **Steinsalz-Leuchten** (auch »Salzkristall-Lampen« genannt) sind eine besondere Form des o. g. »Aufstellens«. Hier wird das Salz durch die Wärme der Lampe zusätzlich aktiviert. Da die Steinsalz-Leuchten in den vergangenen Jahren viele Fragen aufgeworfen haben, wird ihnen in der Folge ein eigenes Kapitel gewidmet.

Abb. 36: Salzsteine

In der Steinheilkunde finden alle Qualitäten des Salzes vom Kristall bis zum derben, naturbelassenen Steinsalz Verwendung. In der Praxis bestätigten sich bei den o. g. Anwendungen folgende Heilwirkungen:

Salz kann hilfreich sein, energetische Blockaden sowie starke Verhaftungen an bestimmte Gedanken- und Verhaltensmuster zu lösen. Darin zeigt sich der Säurecharakter des Chlors – oder bildlich ausgedrückt: seine Fähigkeit, Eis zu schmelzen. Dies wird unterstützt durch die kubische Struktur, die Flexibilität für jene Menschen schafft, die unter einem Übermaß an Ordnung und Strukturierung leiden – und andererseits dort Ordnung schafft, wo Chaos und Durcheinander nur schwer zu bändigen sind. Salz ist gleichermaßen hilfreich, wenn zu viel Härte, Erstarrung, Enge und Beklemmung unser Leben prägen (Symbol: Eis), oder wenn Schwäche, Erschöpfung, Antriebslosigkeit und Verwirrung uns behindern (Symbol: Dampf). Salz hilft, die Extreme zu mildern und fördert Ausgeglichenheit und Klarheit (den Zustand des flüssigen Wassers).

Auf der anderen Seite macht Salz unempfindlicher gegen äußere Einflüsse (Laugencharakter des Natriums) und fördert eine positive, optimistische Lebenseinstellung. Daher hilft es bei innerer Unruhe, Ängsten, Melancholie und Depressionen. Es ermöglicht, sich innerlich ungebunden zu entfalten. Salz regt an, unsere wesentlichen Ziele mit neuer Energie zu beleben sowie unsere innere Kraft nicht zu verschleudern sondern zu kanalisieren.

Salz erweitert und klärt unseren geistigen Raum und bereichert die Seelenwelt, indem es hilft, unsere inneren Bilder zu bewahren. Die Erfahrungen der Vergangenheit sind unser Schatz für die Zukunft. Salz hilft uns, diesen Schatz zu pflegen, die Erinnerung zu bewahren, aber jegliche Gebundenheit daran zu lösen. Dadurch macht es frei und hilft, mit sich selbst und der Welt »im reinen« zu sein.

Auch auf der körperlichen Ebene wirken Salzsteine lösend, reinigend und befreiend. Sie lindern Schmerzen, lösen Verspannungen und fördern Stoffwechsel und Durchblutung. Auch bei Haut- und Atembeschwerden sowie Asthma, Bronchitis, Allergien, Neurodermitis und Pseudo-Krupp können sie helfen.

Diese steinheilkundlichen Wirkungen lassen sich mit allen genannten Anwendungen erzielen, wobei Salzstein-Massagen speziell körperliche Aspekte (Schmerzen, Verspannungen) begünstigen, während das Aufstellen in der Umgebung stärker den seelisch-geistigen Bereich berührt.

Reinigung von Heilsteinen im Salz

Die auflösende Wirkung von Salz wird auch genutzt, um andere Heilsteine von aufgenommener Information zu befreien. Dies ist notwendig, da Steine auch Information von uns aufnehmen, wenn wir sie tragen oder auflegen. Diese »Fremdinformationen« werden durch Salz neutralisiert. Allerdings empfiehlt es sich, die betreffenden Steine oder den Steinschmuck in ein Glasschälchen zu legen und dieses in eine größere Schale mit Salz zu betten, damit keine chemische Reaktion zwischen Mineral und Salz erfolgt. Beschleunigt wird die Reinigung, wenn man das innere Glasschälchen zusätzlich mit mineralarmem Wasser füllt. Diese Art der Reinigung sollte auf wenige Stunden beschränkt werden (vgl. Michael Gienger, »Lexikon der Heilsteine«, S. 117).

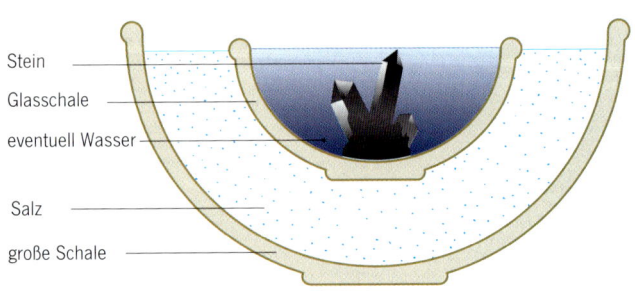

Stein

Glasschale

eventuell Wasser

Salz

große Schale

Abb. 37: Reinigung von Heilsteinen im Salz

Steinsalz-Leuchten

Steinsalz-Leuchten, auch »Salzkristall-Lampen« genannt, sind Salzsteine unterschiedlicher Größe mit einer inneren Bohrung, in der sich eine Glühbirne befindet. Alternativ gibt es auch Steine mit nach oben offener Bohrung, die durch ein Teelicht beleuchtet werden. Wie der Name sagt, wird für diese Leuchten in der Regel derbes Steinsalz verwendet, daher ist der geläufige Handelsname »Salzkristall-Lampe« ähnlich wie beim »Kristallsalz« nicht ganz korrekt.

Im Grunde hat auch eine Steinsalz-Leuchte dieselben Heilwirkungen wie zuvor bei den Salzsteinen beschrieben. Durch die Wärme der Lampe wird das Salz jedoch zusätzlich aktiviert und in seiner Ausstrahlung stärker. Dadurch steigt die Intensität und die »Reichweite« der Salzwirkung. Schon eine Steinsalz-Leuchte von wenigen Kilogramm Gewicht genügt, um die Atmosphäre eines Raums deutlich zu verändern.

Dabei handelt es sich jedoch nicht um den vielbeschworenen Ionisierungs-Effekt! Seit 1998 wurden eine ganze Reihe von Gutachten und Gegengutachten[*] dazu erstellt, ob Steinsalz-Leuchten nun – wie häufig behauptet – tatsächlich gesundheitsfördernde Ionen abgeben. Dieser Theorie liegen Untersuchungen in den Heilstollen zu Grunde, die ja in der Tat bei 80% Luftfeuchtigkeit eine salzreiche Luft besitzen. Doch ist ein Heilstollen mit einer Steinsalz-Leuchte in einem trockenen, beheizten Wohnraum vergleichbar? Bringt die Steinsalz-Leuchte eine frische, salzreiche Meeresbrise oder klare, reine Gebirgsluft (Zitat der Werbetexte) ins Haus? Leider nein! Ob Befürworter oder Gegner der Theorie, in einem Punkt waren sich alle Gutachter einig: Regelmäßiges Lüften bringt auf jeden Fall mehr gesundheitsfördernde Ionen ins Haus als die Steinsalz-Leuchte.

Doch worin bestehen dann die beobachtbaren, positiven Wirkungen der Steinsalz-Leuchten? Im Grunde ist es schlicht die Information

---

[*] Untersuchung von Herrn Dipl. Ing. Norbert Honisch, Ing.-Büro f. Umweltstreß-Analytik, D-72813 St. Johann, u. Untersuchung von Prof. Dr. Ing. J. Tischendorf, D-52078 Aachen u. v. m.

Abb. 38: Steinsalz-Leuchte

»Salz«, die von den Lampen im Raum verbreitet werden. Und diese Information bedeutet – wie wir inzwischen wissen – Schutz, Reinigung, Gleichgewicht und Lebendigkeit. Das ist spürbar.

Ergänzt und gefördert wird die Salz-Wirkung zusätzlich durch das warme, angenehme Licht der Leuchten. Allein dieses verbreitet schon eine harmonische Atmosphäre. So verbinden sich bei den Salzlampen die Schwingungen der Farben mit denen des Salzes. Durch die individuelle Farbauswahl von weiß über gelb und orange bis hin zu Rottönen können wir unseren Körper, unsere Seele und unseren Geist ganzheitlich positiv beeinflussen. Man kann die Farben, also auch farbiges Licht, gezielt zu Heilzwecken einsetzen.*

* Vgl. Gienger, Michael, *Lexikon der Heilsteine*, S. 87 und www.salz-shop.de (Berchtesgaden)

Die Wirkung der Farben*

- ROT wirkt anregend, erhitzend, beschleunigend und stimuliert Kreislauf, Blutgefäße und das Blut selbst. Es fördert Liebe und Haß sowie die Verarbeitung von Lebenserfahrungen und führt so zu geistigen Wachstumsprozessen. Es regt sozusagen das innere Feuer an.

- ORANGE wirkt sanft anregend und belebend. Es stimuliert den Dünndarm und die Nährstoffaufnahme. Orange fördert die Lebensqualität, stimmt heiter und fröhlich.

- GELB wirkt aufmunternd und lebensbejahend. Die körperliche und geistige Ernährung und Verdauung wird angesprochen sowie die Organe Magen, Milz, Bauchspeicheldrüse und das vegetative Nervensystem. Gelb stärkt das Glück, vermindert die Sorge und unterstützt die Reifeprozesse des Lebens.

- WEISS ist eine neutrale Farbe, die das Bestehende unterstützt und sichtbar macht. Sie fördert Erkenntnis und Klarheit.

Zusammenfassend läßt sich sagen, daß Steinsalz-Leuchten eine sehr schöne Möglichkeit sind, Wohnraumqualität durch Licht und Substanz zu heben sowie Gesundheit und geistige Fähigkeiten zu fördern!

Die Herkunft der Steinsalz-Leuchten

Aktuell (2003) dominieren im Handel mit den Steinsalz-Leuchten zwei Ursprungsgebiete: Wieliczka und Bochnia in Polen sowie die Salt Range in Pakistan. Nur wenige Leuchten stammen von anderen Lagerstätten wie z. B. Berchtesgaden o. ä. Die Qualität des Salzes ist bei den verschiedenen Lagerstätten durchaus vergleichbar, obwohl – wie könnte es anders sein – auch hier seit Jahren darum gefeilscht wird, welches nun das »bessere Salz« sei. Objektiv läßt sich hier kaum ein Unterschied feststellen, chemische Analysen ergaben, daß die Salze zu

---

* Bitte beachten Sie, daß die Farben des Salzes meist nur im Salzstein erkennbar sind. Je mehr das Salz zerkleinert wird, desto heller erscheint es. Beim gemahlenen Salz verschwindet die Farbe mitunter ganz, das Salz wird hellgrau bis weiß, auch wenn es zuvor z. B. rötlich war.

99,7% identisch sind.* Doch subjektiv gibt es eine ganz einfache Lösung: Nehmen Sie unbedingt genau die Leuchte, die Ihnen am besten gefällt und die das beste Gefühl bei Ihnen hervorruft. Dann sind Sie auf jeden Fall auf der sicheren Seite!

Können Steinsalz-Leuchten Jodallergien auslösen?

Informationen der Deutschen Selbsthilfegruppe der Jodallergiker in Trier zufolge* erleben Menschen mit Jod-Allergien des öfteren allergische Reaktionen in der Nähe von Steinsalz-Leuchten. Insofern ist hier Vorsicht angeraten. Allerdings enthält nicht jedes Steinsalz Jod, daher besteht keine generelle Gefahr. Ganz im Gegenteil, die bei Salzsteinen beobachtete lindernde Wirkung auf Allergien könnte auch bei Jod-Allergikern beobachtet werden.

Doch wie läßt sich nun jodhaltiges von jodfreiem Salz unterscheiden? Optisch leider gar nicht und Analysen des Salzes liegen im Handel meist nicht vor. Als hilfreiche Mittel haben sich hier kinesiologische Tests und radiästhetische Meßmethoden erwiesen, die zwar keine chemische Untersuchung ersetzen, aber sehr gut die persönliche Resonanz auf bestimmte Substanzen ermitteln können.

Solche Tests, die in vielen Institutionen mit wenig Aufwand erlernt werden können, helfen bei sorgfältiger Durchführung sehr zuverlässig, das persönliche Risiko einzuschätzen. Und sie geben sogar in den Fällen Auskunft über Verträglichkeit oder Unverträglichkeit, in denen allergische Reaktionen selbst bei jodfreiem Salz auftreten.

Da Salz als Staub ein Reizstoff sein kann, ist denkbar, daß es allergische Reaktionen begünstigt. Gerade beim allergischen Asthma ist bekannt, daß nicht nur der Kontakt mit dem allergieauslösenden Stoff selbst zum Anfall führt, sondern daß viele Faktoren, von kaltem Nebel über Rauch bis hin zu körperlicher Anstrengung einen Anfall auslösen

* *Das aktuelle Thema: Salzkristall-Lampen*, Steinheilkunde e.V. 1999
* Deutsche Selbsthilfegruppe der Jodallergiker, Postfach 2967, D-54219 Trier, Tel./Fax: 0651/16874

können. Insofern ist auch die Steinsalz-Leuchte ein möglicher Faktor, den es jedoch im Einzelfall auszutesten gilt.

Sind Steinsalz-Leuchten radioaktiv?

Radioaktivität ist auf der gesamten Erde allgegenwärtig. Ob sie gesundheitsschädlich wird, liegt einzig und allein an der Dosis, der man ausgesetzt ist. Erfreulicherweise ist der Radioaktivitätsgehalt des Steinsalzes in der Regel deutlich niedriger, als die Werte unserer alltäglichen Umwelt. Dies liegt am bereits besprochenen Ausleseprozeß in der Entstehung des Steinsalzes. Das Meerwasser, aus dem das Steinsalz gebildet wurde, ist durch diesen Vorgang von vielen radioaktiven Stoffen »gereinigt«.

Zudem ist Steinsalz eines der wenigen Gesteine, das Radioaktivität durch eine deutliche Veränderung der Farbe anzeigt. Radioaktive Einschlüsse im Salz oder künstliche radioaktive Bestrahlung färben Steinsalz intensiv blau! Da Steinsalz-Leuchten jedoch in der Regel nur weiß, aprikot- und orangefarben sind, ist eine erhöhte Radioaktivität auf jeden Fall auszuschließen. Auch die derzeit im Handel befindlichen blauen Steinsalz-Leuchten zeigen nicht den Farbton radioaktiver Bestrahlung. Bei ihnen stammt die blaue Farbe von eingelagerten Sylvin (Kaliumchlorid) oder Defekten des Kristallgitters.

Eine radioaktive Belastung kann bei Steinsalz-Leuchten derzeit generell ausgeschlossen werden!

Werden Steinsalz-Leuchten gefärbt oder lackiert?

Gefärbte oder lackierte Steinsalz-Leuchten sind nicht bekannt. Beides wäre auch nur sehr schwer durchzuführen. Zum einen würden Färbelösungen einen Salzblock nicht infiltrieren, sondern auflösen, zum anderen würde Lack auf der chemisch reaktiven Oberfläche des Salzes nicht halten. Was oftmals wie lackiert aussieht, ist die natürliche Oberfläche des Salzes, die mit Wasser abgewaschen wurde. Dabei werden rauhe Flächen angelöst und sehr glatt. Künstlich gefärbte Salzblöcke könnten nur aus farbstoffhaltigen Salzlösungen gezüchtet werden, was jedoch um ein Vielfaches teurer ist, als der Salzabbau aus Salzstöcken.

Heilwirkungen des Speisesalzes

Den Salzsteinen folgt im Verarbeitungsprozeß des Salzes zunächst das zerkleinerte Granulat und schließlich das gemahlene Salz. Als solches wird es auch als Speisesalz eingesetzt. Selbst in diesem alltäglichen Gebrauch ist Salz nicht nur Würz- und Nahrungsmittel sondern zugleich auch eine heilende Substanz. Gerade die Ernährung hat einen maßgeblichen Einfluß auf unsere Gesundheit, weshalb wir hier besonders darauf achten sollten, welches Salz wir zu uns nehmen.

Die verschiedenen Qualitätsabstufungen des Salzes (Salzkristall, Kristallsalz, Steinsalz und raffiniertes Salz) sind im gemahlenen Zustand natürlich nicht mehr mit dem Auge unterscheidbar. Doch ein anderer Sinn kann uns erstaunlich klare Auskunft über die Qualität und Verträglichkeit des Salzes geben, auch wenn wir es ihm vielleicht gar nicht zutrauen: der Geschmackssinn.

Das »Speicheln«

Versuchen Sie einmal ein einfaches Experiment: Besorgen Sie sich feingemahlenes Salz verschiedener Qualität (oder mahlen Sie es sogar im Mörser selbst, um sicherzugehen): Kristallsalz (Salz mit sichtbaren Spaltflächen), naturbelassenes Steinsalz, raffiniertes Salz und wenn Sie möchten sogar künstlich jodiertes oder fluoriertes Salz. Den Salzkristall verschonen wir in diesem Experiment, es wäre zu schade um ihn.

Wenn das gemahlene Salz eine feine, gleichmäßige Körnung hat, werden Sie keinen Unterschied entdecken. Bitten Sie nun eine weitere Person, die verschiedenen Salze in ungefähr gleicher Menge in identische Behältnisse abzufüllen und Ihnen nicht zu verraten, welches Behältnis welches Salz enthält.

Abb. 39: Kristallsalz im Mörser

Und nun kommt der eigentliche Test: Nehmen Sie mit einer ange-feuchteten Fingerspitze 5 - 10 Salzkörnchen auf und legen Sie diese auf ihre Zungenspitze. Um andere Geschmackseinwirkungen zu vermeiden, lohnt es sich, zuvor ein Glas gutes, klares, stilles Wasser zu trinken. Sobald Sie das Salz auf der Zunge haben, »speicheln« Sie es ein, d. h. vermengen Sie es im vorderen Bereich des Mundes mit Speichel (so ähnlich wie bei einer Weinprobe). Machen Sie nichts anderes und warten Sie einfach ab.

Im ersten Moment werden alle Salze ähnlich schmecken – einfach salzig! Ein Geschmack übrigens, der noch mit keiner anderen Substanz nachgemacht werden kann! So einzigartig und wichtig ist Salz für un-seren Körper, daß er sich hier nicht überlisten läßt.

Und das läßt er sich auch bei den verschiedenen Salzen nicht! Nach kurzer Zeit schon beginnen diese nämlich, sehr unterschiedlich zu schmecken. Kristallsalz bleibt zwar salzig, aber sehr fein, Steinsalz wird etwas strenger oder schärfer und raffiniertes Salz wird richtiggehend aggressiv. Salze mit Rieselhilfen oder künstlichen Jod- und Fluor-Zusätzen schmecken nach geraumer Zeit plötzlich chemisch, gammelig oder sogar eklig. Dies zeigt, was unser Geschmackssinn eigentlich kann – wenn wir ihn lassen und unsere Nahrung nicht zu schnell schlingen oder uns durch künstliche Aromen und Geschmacksverstärker ständig selbst betrügen. Menschen, die ausschließlich Naturkost essen, können gerade in diesem Test meist viel genauer differenzieren, als Fertigkost-Verzehrer.

Setzt man das Speicheln über mehrere Minuten fort, kommt sogar ein noch eindeutigerer Impuls: Entweder der Drang, den Speichel zu schlucken wird immer stärker, oder es kommen plötzlich Würge- und Speireflexe, die signalisieren: Weg mit dem Zeug! Nicht nur für dieses Experiment, sondern generell für alle Lebensmittel und Getränke ist das »Speicheln« ein wertvoller Test der Verträglichkeit. Selbst wenn wir nur an etwas denken oder eine Speisekarte lesen, erkennt unser Körper schon, was ihm zuträglich ist oder nicht. Daher läuft uns bei manchen Dingen sehr schnell schon das Wasser im Munde zusammen ...

Wenn Sie das genannte Experiment durchführen, erübrigt sich diese Empfehlung eigentlich. Dennoch: Verwenden Sie Ihrem Körper und sich selbst zuliebe in ihrer Ernährung nur Speisesalz aus Kristallsalz oder naturbelassenem Steinsalz. Ob es sich dabei um das sog. »Himalaya-Kristallsalz«, das im Naturkost- und Reformhandel erhältliche »Ur-Salz« oder ein anderes handelt, ist zweitrangig. Wichtig ist nur, daß es naturbelassen ist, aus bergmännischem Abbau stammt, lediglich zermahlen und nicht raffiniert wurde und frei von Rieselhilfen und künstlichen Zusätzen ist. Ein solches Salz leistet schon in der Ernährung einen heilsamen Beitrag für Ihre Gesundheit! Verzichten Sie auf raffinierte Salze. Diesen fehlen die wertvollen Begleitstoffe Schwefel, Magnesium, Calcium, Kalium und Eisen.

Abb. 40: Steinsalz-Granulat

Interessante Hausmittel

In diesem Zusammenhang möchten wir noch auf drei interessante Hausmittel verweisen, für die gemahlenes Salz verwendet wird.

Salz bei Kreislaufschwäche

Entsteht eine spontane Kreislaufschwäche durch Anstrengung, Schwitzen, ungewohnte Tätigkeit oder auch seelische Belastungen, so kann eine Prise Salz oftmals schnelle Abhilfe schaffen. Als gemahlenes Salz auf die Zunge gegeben (nicht als Sole getrunken!), vertreibt es Schwindelgefühle, Schwächeanfälle und das typische »Schwarzwerden« vor den Augen sehr schnell und läßt die Lebensgeister wiederkehren. Es lohnt sich also durchaus, auch in Sport und Freizeit etwas Salz dabei zu haben.

Diese Wirkung tritt schneller ein als eine nennenswerte Aufnahme der Substanz in den Körper möglich wäre. Daher ist dieses Hausmittel ein schöner Beweis für die informative Wirkung des Salzes. Als ausbalancierte Substanz kubischer Struktur bringt Salz Zustände der Verwirrung und Desorientierung sehr schnell wieder in eine neue Ordnung. Aus diesem Grund stabilisiert sich auch der Kreislauf – und daher wirkt dieses Hausmittel mit der Einnahme der trockenen Substanz viel besser, als wenn Sole verwendet würde.

Der Salzkreis ums Haus

Ähnlich können wir uns auch die Wirkung dieses direkt aus dem Brauchtum stammenden Rezeptes vorstellen. Wenn sich schlechte Stimmungen, Zwist, Streit, Ärger und andere unglückliche Umstände im Haus festgesetzt haben, so soll ein lückenloser Kreis aus gemahlenem Salz um das Haus gezogen werden. Auch die geistigen »Hinterlassenschaften« früherer Bewohner oder andere negative Einflüsse werden auf diese Weise neutralisiert. Auch wenn es mittelalterlich klingt, so bringt diese Salzreinigung doch immer wieder erstaunlich schnell neuen Freiraum und eine geklärte Atmosphäre.

Wärme- und Kältesäckchen

In ein Baumwolltuch eingebunden, ist gemahlenes Salz ein guter Wärme oder Kältespeicher. Diese Salzsäckchen können sehr gut zum Erwärmen oder Kühlen erkrankter Körperbereiche verwendet werden. Ihr Vorteil ist, daß zur reinen Temperaturwirkung noch die regulierenden Informationen des Salzes hinzukommen. Das gesunde energetische Gleichgewicht der betroffenen Bereiche stellt sich so viel schneller wieder ein.

Zur Herstellung von Wärmesäckchen wird feines Salzgranulat oder gemahlenes Salz in ein Baumwolltuch gelegt (z. B. ein Taschentuch, eine dünne Stoffwindel o. ä.), das zu einem kleinen Beutel zusammengebunden wird. Anschließend wird das Säckchen auf der Heizung, dem Kachelofen oder im Backofen (60° - 70° C) erwärmt. Es sollte kräftig erwärmt, jedoch nicht heiß sein.

Ein solches Wärmesäckchen eignet sich hervorragend bei Erkältungen (auf die Brust aufgelegt) oder Ohrenschmerzen (direkt auf die

Ohren aufgelegt). Es lindert die Schmerzen, entspannt und fördert Entgiftung und Durchblutung. Auch bei Muskelverspannungen oder chronischen Gelenkbeschwerden (nicht bei akuten Entzündungen!) kann es eingesetzt werden.

Zur Herstellung von Kältesäckchen wird der o. g. Salzbeutel in einem gut verschlossenen Plastikbeutel in das Gefrierfach des Kühlschranks gelegt. Der gut verschlossene Plastikbeutel ist sehr wichtig, da das Salz im Kühlschrank sonst rapide Wasser zieht und zu einem steinharten Klumpen wird.

Kältesäckchen können zum Kühlen von Prellungen und Schwellungen nach Unfällen oder Sportverletzungen verwendet werden. Sie dürfen nicht in Kontakt mit offenen Wunden kommen, zeigen jedoch z. B. bei verstauchten Gelenken oder Blutergüssen erstaunlich schnelle Wirkung. Auch hier kommt offensichtlich zum bloßen Kühlen noch die regulierende Wirkung des Salzes hinzu.

Die Heilkraft der Sole

Nach den Salzsteinen, Steinsalz-Leuchten und dem Gebrauch des gemahlenen Salzes ist der nächste Schritt nun die Verwendung von Sole, der wäßrigen Salzlösung. Sole-Anwendungen sind seit Jahrtausenden bekannt, wobei ursprünglich die natürliche Sole salzhaltiger Quellen verwendet wurde. Daher waren Salzquellen in unserem Kulturkreis schon bei den Germanen und Kelten ein Heiligtum, Orte der Reinigung und Heilung.

In der Salt Range in Pakistan gibt es noch heute viele Salzquellen, die von der Bevölkerung heilig gehalten werden. Das dortige Brauchtum erinnert in vielem an unsere eigenen Überlieferungen. So gilt dieses Salzgebirge in Pakistan und Indien als Kultplatz, an dem seit vielen Jahrhunderten Einsiedler leben, von der Bevölkerung »hakim« genannt, »heilige Männer«. Für die Bevölkerung sind die Salzquellen Wallfahrtsorte, zu denen viele Menschen pilgern, um körperliche Heilung oder die

Abb. 41: »Bad Kissingen heilt und verjüngt«, Plakat 1936

Linderung seelischer Leiden zu erfahren. Die Heilkraft der Quellen ist in vielen Berichten überliefert und für die Menschen der Gegend etwas ganz Selbstverständliches.

Von Ort zu Ort gibt es verschiedene rituelle Handlungen, die das Bewußtsein um die geistigen Qualitäten des Salzes ausdrücken. So ist es an einer Quelle üblich, die alten Kleider abzulegen, sich mit der Sole zu übergießen und zu reinigen, um dann neue Kleider anzulegen. Die alten Kleider bleiben an der Quelle liegen wie das abgelegte »alte Leben«. Gereinigt und geklärt durch die Kraft des Salzes, beginnt von nun an ein neuer Lebensweg, der in neuen Kleidern beschritten wird.

Dieser »Neubeginn durch Salz« ist auch in unserer Kultur tiefer verwurzelt, als uns bewußt ist. In einer moderneren Form erlebten die heiligen Salzquellen der Germanen und Kelten in der Mitte des 19. Jahrhunderts eine zweite Blüte. Damals entwickelten sich meerferne Orte, die Solebäder und Trinksole-Kuren anboten, zu viel besuchten, z.T. mondänen Badeorten. Plötzlich gab es an diesen heiligen Stätten wieder viele kleine Tempel, Säulenhallen, Promenaden und Kolonnaden, als fänden sich hier die antiken Götter heimlich zum Stelldichein ein. »Heilung und Verjüngung« waren noch bis zur Mitte des 20. Jahrhunderts die Stichworte, mit denen die Sole-Kurorte beworben wurden.

Die Verwendung von Sole

Mit der Anwendung von Sole-Lösungen beginnt auch ein neuer Abschnitt auf unserer Reise durch den heilkundlichen Umgang mit Salz. Nun wird nicht nur neu »informiert«, sondern auch unmittelbar stofflich in unseren Organismus eingewirkt. In dieser Form kann Salz schnelle und intensive Wirkungen zeigen – und sollte daher auch mit großer Sorgfalt gehandhabt werden. Vier Punkte sind uns hierzu besonders wichtig:

1. Ist eine Soleanwendung im Moment sinnvoll?

Unser Organismus ist äußerst komplex. Millionen verschiedener Vorgänge greifen hier regulierend ineinander. Dabei kann es Situationen geben, in denen er auf zusätzliches Salz gerne verzichten würde und sich eher nach pflanzlichen Substanzen oder nach Licht, Farbe, Klängen usw. sehnt. – Kurz und gut: Salz ist nicht immer das Mittel der Wahl.

Jeder Soleanwendung sollte daher im Idealfall eine kurze Überprüfung vorausgehen, ob sie dem Körper im Augenblick zuträglich ist oder nicht. Hierzu bieten sich kinesiologische Tests (z. B. der bekannte Armtest) oder radiästhetische Methoden an (z. B. das Pendel oder die Einhandrute, der sog. »Biotensor«). Diese in vielen Institute erlernbaren Tests sind ohnehin eine wertvolle Hilfe für den selbstverantwortlichen Umgang mit der eigenen Gesundheit. Sie zeigen schnell und zuverlässig die persönliche Resonanz und die individuelle Verträglichkeit von Lebensmitteln, Medikamenten, Heilsteinen oder eben auch von Salz! Eine solche Überprüfung ist daher immer sinnvoll!

Bei ernsthaften Erkrankungen sollte keine Soleanwendung ohne Absprache mit den behandelnden ÄrztInnen oder HeilpraktikerInnen durchgeführt werden. Behandlungen, bei denen plötzlich heftige Beschwerden auftauchen (Atemnot bei Inhalationen usw.), sollten sofort abgebrochen und fachkundiger Rat eingeholt werden.

2. Achten Sie auf die richtige Dosierung!

Vor allem bei der inneren Einnahme von Sole spielt die optimale Dosierung eine große Rolle. Die hier angegebenen Mengen sind Erfahrungswerte für Erwachsene mit ca. 70 - 80 kg Körpergewicht. Auch hier wäre es im Grunde optimal, wenn die Dosierung mit kinesiologischen Tests oder radiästhetischen Methoden individuell angepaßt würde. Vor allem bei regelmäßiger Einnahme von Sole über längere Zeit sollten Sie dies beachten und ggf. naturheilkundlich arbeitende ÄrztInnen oder HeilpraktikerInnen konsultieren.

Für Kinder empfehlen wir, nur die Hälfte der angegebenen Dosierungen zu nehmen. Dies gilt für die innere Einnahme. Bei äußeren Anwendungen ist die Dosierung natürlich gleich.

3. Vorsicht bei Jod-Allergien!

Soleanwendungen haben positive Wirkungen auf Allergien. Sie entschlacken und entgiften, reinigen so das Gewebe und vermindern die Belastungen, die zu Unverträglichkeitsreaktionen und Allergien führen. Jedoch darf das Salz natürlich nicht selbst Allergene (allergieauslösende Substanzen) enthalten. Bei Salz kann hier vor allem Jod ein Problem darstellen. Stellen Sie daher bei Jod-Allergien sicher, daß im verwendeten Salz kein Jod enthalten ist. Wenn Ihr Händler Ihnen darüber keine Auskunft geben kann, so verwenden Sie die o. g. Testmethoden oder wenden Sie sich damit an naturheilkundlich arbeitende ÄrztInnen oder HeilpraktikerInnen.

4. Salz macht durstig!

Alle Soleanwendungen sind nur dann sinnvoll, wenn Sie viel gesundes Wasser dazu trinken. Und mit Wasser meinen wir Wasser! Nicht alle Getränke führen dem Körper tatsächlich Wasser zu. Ganz im Gegenteil, viele verbrauchen mehr Wasser, als sie bieten! Dazu zählen vor allem Kaffee, Limonaden und Alkoholika. Selbst für die Verwertung von Säften braucht der Körper ungefähr so viel Wasser, wie in ihnen enthalten ist. Eine positive Wasserbilanz haben daher nur Kräutertee und eben Wasser. Am besten zwei bis drei Liter stilles, kohlensäurefreies, gutes Quellwasser oder Mineralwasser täglich. Wasser können Sie im Zweifelsfall eher mehr als weniger trinken, ein Zuviel gibt es nicht! Dies ist wirklich sehr wichtig, denn nach unserer Erfahrung beruhen über 95% der Probleme mit Soleanwendungen darauf, daß zu wenig Wasser getrunken wurde. Und wir betonen es noch einmal: Mit Wasser meinen wir Wasser!

Sole-Herstellung

Für die im folgenden Kapitel genannten Sole-Anwendungen benötigen Sie Salzlösungen verschiedener Konzentration. Diese können Sie herstellen, indem Sie eine bestimmte Menge Salz abwiegen und in der entsprechenden Flüssigkeitsmenge auflösen (Mengenangaben s. u.). Sie können jedoch auch ganz einfach eine gesättigte Sole herstellen und dann von Fall zu Fall entsprechend verdünnen. Verwenden Sie bitte für alle Sole-Anwendungen nur naturbelassenes Steinsalz oder Kristallsalz aus bergmännischem Abbau. Als Lösungsmittel können Sie gutes Quellwasser oder kohlensäurefreies Mineralwasser verwenden. Auch durch Umkehr-Osmose und Levitation aufbereitetes Leitungswasser ist verwendbar.

Gesättigte Sole (26 %)

Sie erinnern sich? Wasser kann bei Zimmertemperatur nur 26% Salz lösen. Zur Herstellung einer gesättigten Sole genügt es daher, einen oder mehrere Salzbrocken in ein Glasgefäß zu geben und dieses mit gutem Wasser aufzufüllen. Nach etwa drei Stunden hat sich so viel Salz wie möglich gelöst. Die Sole ist dann gesättigt, wenn sich kein weiteres Salz im Wasser mehr lösen kann. Diese sog. »konzentrierte« Sole enthält dann genau 26% Salz. Sie können eine gesättigte Sole natürlich auch dadurch herstellen, indem Sie zu 260 Gramm Salz so viel Wasser hinzu geben, dass es genau ein Liter wird.

Verdünnte Sole

Für die meisten Anwendungen wird verdünnte Sole benötigt, meist in Konzentrationen von 1% bis 3%. Die einprozentige Sole entspricht in etwa der Konzentration unseres Blutes und brennt deshalb nicht in den Augen, auf Schleimhäuten oder offenen Hautstellen.

1%ige Sole: 4 ml konzentrierte Sole auf 100 ml Wasser
40 ml konzentrierte Sole auf 1 l Wasser
10 g Salz auf 1 l Wasser
1 kg auf 100 l Wasser

3%ige Sole: 3 g Salz auf 100 ml Wasser
30 g Salz auf 1 l Wasser
3 kg Salz auf 100 l Wasser

Alle Sole-Anwendungen finden Sie im folgenden Kapitel. Zuvor schließen wir unsere Reise vom Gestein zum Medikament jedoch mit einem kurzen Blick zur Homöopathie.

Salz in der Homöopathie

In der Homöopathie wird Sole als sog. »Urtinktur« weiterverabeitet und »potenziert«. »Potenzierung« bedeutet, daß der ursprüngliche Stoff schrittweise immer mehr verdünnt, dabei jedoch zugleich intensiviert wird. Von einer Verdünnungsstufe zur anderen wird die Information der Ursubstanz, hier des Salzes, durch Verschütteln oder Verreiben auf Wasser oder Milchzucker übertragen. Das entstehende homöopathische Arzneimittel wird Natrium muriaticum oder Natrium chloratum genannt und zählt zu den »großen Mitteln« der Homöopathie, d. h., es hat viele Anwendungsgebiete von körperlichen bis zu seelischen Beschwerden. Da homöopathische Medikamente nur sehr individuell verordnet werden können, ist es sinnvoll, für die Behandlung einen Therapeuten bzw. eine Therapeutin aufzusuchen, der oder die sich gut damit auskennt. Daher nennen wir in diesem Buch auch keine homöopathischen Anwendungen.

Sole-Trinkkur

Bei der Sole-Trinkkur wird über einen längeren Zeitraum eine kleine Menge Sole pur oder verdünnt eingenommen. Eine solche Kur kann helfen, den Körper zu reinigen und zu entschlacken. Wie bereits im vorigen Kapitel erläutert, ist es hier jedoch sinnvoll, zuerst zu prüfen, ob eine solche Trinkkur zum gegebenen Zeitpunkt wirklich für Sie geeignet ist.

In der chinesischen Lehre von den Fünf Elementen wird Salz dem Element Wasser zugeordnet, und es gehört dort zu den kalten Gewürzen. Wenn nun jemand ohnehin schon an einem Mangel an Lebenswärme leidet, dann ist es einfach nicht zuträglich, noch mehr Kälte zuzuführen. Und bei vielen chronischen kranken Menschen ist das der Fall. Oder wenn jemand im Winter, der übrigens auch zum Element Wasser gehört, ständig erkältet ist oder immer wieder Nasennebenhöhlenentzündungen hat, dann kann es sein, daß eine Sole-Trinkkur die Genesung eher behindert als fördert.

Die Nieren, die Blase und die Knochen gehören ebenfalls zum Element Wasser. Deshalb sollten Menschen, bei denen diese Organsysteme schwach sind, eher zurückhaltend sein mit solchen Trinkkuren!

Anders ist es beim Bluthochdruck, der nicht durch eine Krankheit verursacht wird. Die Mediziner sprechen dann vom essentiellen oder primären Bluthochdruck. In der Regel wird ja bei Bluthochdruck geraten, sehr sparsam mit Salz umzugehen. Das wird deshalb empfohlen, weil Salz bekanntlich Wasser an sich zieht. Mehr Salz im Blut – so die schulmedizinische Überlegung – bedeutet mehr Wasser in den Blutgefäßen und damit einen höheren Blutdruck. Diese Schlußfolgerung klingt zunächst logisch, läßt aber etliche Mechanismen des essentiellen bzw. primären Bluthochdrucks außer acht. Richtig ist, daß Salz unmittelbar nach der Einnahme kurz den Blutdruck erhöhen kann. Bei extrem hohem Blutdruck sollten Sole-Anwendungen daher vermieden werden, um Gesundheitsrisiken zu vermeiden. Ansonsten sind Sole-anwendungen jedoch gerade geeignet, erhöhten Blutdruck zu senken.

Die Schulmedizin geht davon aus, daß der Blutdruck sinkt, wenn weniger Flüssigkeit im Gefäßsystem kreist. Deshalb werden bei Blut-hochdruck harntreibende Medikamente verordnet, um die Flüssigkeits-menge zu verringern. Doch was geschieht, wenn der Körper immer mehr Flüssigkeit verliert? Die Konzentration der im Blut gelösten Stoffe steigt. Das hat zur Folge, dass Wasser aus den Zellen ins Blut strömt, bis die Verteilung von Wasser und festen Stoffen wieder den physiologischen Notwendigkeiten entspricht. Insgesamt führt es aber dazu, dass die Zellen immer mehr an Wassermangel leiden und in ihrer Funktions-fähigkeit eingeschränkt werden. Das bedeutet langfristig eine Beein-trächtigung aller Körperfunktionen – und die Notwendigkeit auf Dauer blutdrucksenkende Medikamente einzunehmen, denn ihre Wirkung hält immer nur kurze Zeit an. Sie lösen das Problem ja nicht, sie ver-schleiern es nur.

Wenn der Körper zu sehr mit Schlacken und Giftstoffen belastet ist und die Ausscheidungsorgane überfordert sind, dann lagert er als Not-maßnahme Wasser dort ein, wo Schlacken deponiert sind. Auf diese Weise wird deren Wirkung »verwässert«. Sie ist nicht ganz so aggressiv. Wenn wir jetzt mehr Wasser trinken, kann der Körper die Ablagerungen besser ausscheiden. Damit werden auch die Wasserpolster unnötig. Auf diese Weise kann man gut beobachten, dass Wasser das beste Ent-wässerungsmittel ist!

Wasserentzug ist der falsche Weg zur Blutdruckregulierung! Wasser-entzug blockiert die Reinigungs- und Regulationsmechanismen in den Körperflüssigkeiten und führt gerade dadurch zum Stau und zum Blut-hochdruck! Die Lösung funktioniert genau andersherum: Wasserzufuhr ist gefragt, um zu verdünnen, zu lösen, Schlacken hinauszuspülen und zu reinigen. Dazu Salz, um die Entgiftung, Entschlackung und Reinigung zu intensivieren. Nicht die lebensnotwendigen Substanzen Wasser und Salz müssen aus dem Körper entfernt werden, sondern Harnsäure,

Schlacken, Abfallstoffe, Giftstoffe, Medikamentenreste, Eiweißüber-schüsse und alle anderen überflüssigen Substanzen, die ebenfalls Wasser binden und Bluthochdruck verursachen, müssen ausgeschieden werden! Und dafür braucht es viel Wasser (2 bis 3 Liter täglich) und hochwertiges, naturbelassenes Salz: Kristallsalz oder Steinsalz aus bergmännischem Abbau! Dann kann der Körper seinen reinigenden und regulierenden Funktionen wieder optimal nachkommen, und der Blutdruck wird allmählich sinken! *

Es bleibt jedoch zu beachten:
1. Bei Spitzenwerten von hohem Blutdruck sollte kein Salz eingenom-men werden, da die kurzfristige Blutdruckerhöhung zu riskant ist.
2. Während Bluthochdruck schulmedizinisch behandelt wird, sollten parallel keine Sole-Trinkkuren erfolgen, da die Konzepte beider Be-handlungen genau gegenläufig sind und sich daher blockieren.
3. Bluthochdruck sollte mit Sole-Trinkkuren nur in Begleitung naturheil-kundlich erfahrener ÄrztInnen oder HeilpraktikerInnen erfolgen. Die Behandlung sollte regelmäßig medizinisch kontrolliert werden.
4. Was im Grunde für alle innerlichen Sole-Anwendungen gilt, ist hier besonders wichtig: Die Sole-Anwendung wird bei Bluthochdruck nur in Verbindung mit viel Wasser helfen. 2 bis 3 Liter gutes Quellwas-ser, Mineralwasser oder Umkehrosmose-Wasser sollten täglich dazu getrunken werden!

Nicht nur im Fall des Bluthochdrucks – generell wenn Sie unsicher sind, ob eine Sole-Trinkkur für Sie geeignet ist, so wenden Sie sich an ÄrztInnen oder HeilpraktikerInnen, die damit Erfahrung haben. Wenn Sie selbst kinesiologisch testen oder mit dem Pendel umgehen können, dann ist auch das eine Möglichkeit, wie Sie herausfinden können, ob diese Trinkkur für Sie geeignet ist.

---

* Ausführlich sind diese Zusammenhänge in dem Buch beschrieben *Wasser, die gesunde Lösung* von F. Batmanghelidj

Um eine Sole-Trinkkur durchzuführen, genügt es, jeden Morgen als erstes nach dem Aufstehen einen Teelöffel voll konzentrierte Sole in ein Glas gutes Quellwasser zu geben und zu trinken. Wem dieser leichte Salzgeschmack unangenehm ist, kann den Teelöffel Sole auch in einen Liter Wasser geben und über den Tag verteilt trinken. Wie gesagt, es ist unbedingt wichtig, zu dieser Sole-Trinkkur – wie bei jeder Reinigung von innen – reichlich gutes Quellwasser oder mit Umkehrosmose gereinigtes Leitungswasser zu trinken (2 bis 3 Liter täglich). Wenn Sie das nicht tun, überfordern Sie Ihren Körper, vor allem die Nieren.

Sole-Trinkkur

- Einen Teelöffel konzentrierte Sole in ein Glas gutes Quellwasser geben und morgens nüchtern trinken – oder:
- einen Teelöffel konzentrierte Sole in einen Liter gutes Quellwasser geben und über den Tag verteilt trinken.
- Wichtig: Tagsüber 2 - 3 Liter Quellwasser/Umkehrosmose-Wasser trinken!

Abb. 42: Brunnengläser für Sole-Trinkkuren, Bad Salzuflen

Diese Sole-Trinkkur entspricht altbewährten Anwendungen, die seit Jahrhunderten in Kurbädern mit natürlicher Sole wie Bad Reichenhall, Bad Salzuflen oder Bad Kissingen erfolgreich durchgeführt werden.

Es kann sein, daß es durch dieses Sole-Trinken zu heftigen Entschlackungsreaktionen kommt, z. B. Durchfall oder auch einmal Kopfschmerzen. In diesem Fall kann man die Dosis auf einen halben Teelöffel reduzieren oder die Sole nur tropfenweise anwenden.

Die Sole-Trinkkur hat eine Fülle positiver Wirkungen: Durch die tiefe Reinigung und Entschlackung wirkt sie im Laufe der Zeit förderlich und regulierend auf Verdauung (Magen und Darm), Stoffwechsel und Ausscheidung, Blut, Lymphe und Immunsystem, Herz, Kreislauf, Nieren und Blase. Salz ist in allen Körperbereichen so essentiell, daß auch Bindegewebe, Muskeln und Nerven gestärkt sowie die Neigung zu Allergien, Erkältungen, Durchblutungsstörungen und Menstruationsbeschwerden deutlich verringert werden.

Sole-Kur zur Darmreinigung

Da Sole überall im Körper Ablagerungen löst, ist sie auch speziell zur Darmkur geeignet. Zwischen den Zotten des Dünndarmes können sich Ablagerungen von halbverdautem Eiweiß oder Fett befinden. Diese Schadstoffe belasten den Körper dauernd. Zugleich behindern diese Ablagerungen aber auch die Aufnahme der Nährstoffe über die Darmzotten. Um den Darm zu reinigen, kann man folgende Kur machen, die aus dem Yoga stammt.

Am besten führen Sie diese Kur bei abnehmendem Mond durch, denn diese Mondphase ist für alle reinigenden, ausleitenden Maßnahmen besser geeignet.* Umgekehrt nimmt, während der Mond zunimmt, auch der Körper besser auf. D. h., diese Zeit ist besser geeignet, den Körper mit zusätzlichen Vitalstoffen zu versorgen und Mangelzustände

* siehe Wolfgang Maier, *Der Mondschild*, Neue Erde 2001

auszugleichen. Diese natürlichen Rhythmen zu beachten, kann eine wesentliche Hilfe sein. Indem wir mit der Natur arbeiten und nicht gegen sie, wird vieles einfacher und leichter. Buchtip hierzu: »Der Mondschild« von Wolfgang Maier.

Die **Sole-Darmkur** können Sie auf folgende Weise durchführen:
- Entweder trinken Sie zweimal täglich – morgens nüchtern und abends vor dem Abendessen – zügig je 2 Eßlöffel Sole in einem halben Liter lauwarmem Wasser.
- oder Sie trinken morgens nüchtern 4 Eßlöffel Sole in einem Liter lauwarmem Wasser.
- Wichtig: Tagsüber 2 - 3 Liter Quellwasser/Umkehrosmose-Wasser trinken!

Es kann manchmal sofort geschehen und manchmal ein paar Tage dauern, bis es zu einer kräftigen Darmentleerung kommt. Über die Temperatur der Trinkflüssigkeit kann man die Ausscheidung beeinflussen. Je wärmer das Wasser ist, desto schneller folgt die Entleerung. In der Regel kommt es zu zwei bis drei Entleerungen. Allerdings kann es bei manchen Menschen ein paar Tage dauern, bis der Darm reagiert. Und wie bei jedem Naturheilverfahren kann es zunächst zu unangenehmen Reaktionen kommen, den sog. Erstverschlimmerungen, z. B. Müdigkeit, Schlappheit, leichte Übelkeit, Kopfschmerzen. Die positiven Reaktionen folgen jedoch schon bald Der Kopf wird klarer, man spürt mehr Energie, empfindet sich als leichter, freier, gereinigter und schläft besser.

Sie können die Sole-Darmkur unterschiedlich gestalten:
- 3 Tage lang Sole trinken, 3 Tage Pause und wieder von vorne beginnen – oder:
- 10 Tage lang Sole trinken, 3 Tage Pause und wieder von vorne beginnen – oder:
- Die Sole mehrere Monate lang immer nur am Wochenende trinken.

Sole-Bad

Sole-Bäder sind hilfreich bei verschiedenen Hauterkrankungen, auch bei Asthma und zum Entschlacken. Das Salz dringt in die Haut ein und bindet dort Wasser. Auf diese Weise wird die Haut nicht ausgetrocknet. Deshalb eignen sich Sole-Bäder auch sehr gut bei trockener Haut. Der große Vorteil eines Solebades liegt jedoch in seiner entschlackenden Wirkung. Giftstoffe werden über die Haut ins Badewasser abgegeben. Umgekehrt nimmt der Körper Mineralstoffe aus dem Badewasser auf. Bei den ersten Sole-Bädern nach längerer Pause überwiegt die entgiftende Wirkung. Die übliche Badedauer liegt daher zwischen 5 und 30 Minuten, eine halbe Stunde sollte nicht überschritten werden.

Wenn Sie jedoch drei bis vier Solebäder mit Abständen von höchstens einer Woche durchgeführt haben, beginnt die Mineralstoffaufnahme stärker zu werden. Dafür braucht der Körper Zeit, d.h., Sie sollten sich mindestens eine halbe bis eine Stunde in der Badewanne gönnen. Zwischendurch massieren Sie mit einem Waschlappen oder einer Badebürste den Körper mit streichenden Bewegungen in Richtung Bauch. Das unterstützt den Abtransport der Schlacken über das Blut bzw. Lymphsystem.

Verwenden Sie für diese Bäder am besten naturbelassenes Steinsalz. Auch hier lohnt es sich, auf gute Qualität zu achten, da – wie gesagt – die Haut ebenfalls Substanzen aufnimmt. Wie konzentriert Sie die Sole machen, hängt von dem Zustand Ihrer Haut ab. Im Normalfall genügt eine einprozentige Sole. Eine Badewanne faßt heute in der Regel zwischen 100 und 120 Liter Wasser. Für eine einprozentige Sole brauchen Sie daher 1 bis 1,2 kg Salz oder etwa 4 Liter konzentrierte Sole.

Wenn Sie an einer Hautkrankheit leiden, z.B. Neurodermitis oder Schuppenflechte, und die Haut an manchen Stellen offen und entzündet ist, dann verwenden Sie auf keinen Fall mehr als eine einprozentige Sole, d.h. 1 kg Salz bzw. 4 Liter gesättigte Sole auf 100 Liter Wasser. Wenn die Haut abgeheilt ist, können Sie höhere Konzentrationen wählen (bis zu 5 Prozent). Das lindert den Juckreiz, gibt der Haut mehr Feuchtigkeit, intensiviert die Entschlackung und beruhigt das vegetative Nervensystem.

Achten Sie darauf, daß die Temperatur des Wassers bei 37° C liegt. Dann muß der Körper keine Energie aufwenden, um den Temperaturunterschied auszugleichen. Nach dem Bad tupfen Sie die Haut nur trocken und ruhen mindestens eine halbe Stunde nach.

Solebäder können für Herz und Kreislauf etwas anstrengend sein. Deshalb sollten sie bei Herz-Kreislauf-Beschwerden nicht angewendet werden. Fragen Sie im Zweifelsfall unbedingt vorher eine Ärztin bzw. einen Arzt oder eine Heilpraktikerin bzw. einen Heilpraktiker, ob ein Solebad für Sie geeignet ist.

Manchmal sind **Sitzbäder** ausreichend, z. B. bei Ausfluß, trockener Scheide, Scheidenpilz, Hämorrhoiden. Hier kann die Solekonzentration höher sein: 3 bis 8 %. Temperatur: 37° C

Wenn Vollbäder zu anstrengend sind oder wenn speziell die Füße Behandlung brauchen, sind **Fußbäder** eine gute Möglichkeit. Sole-Fußbäder sind wunderbar bei übermäßiger Schweißbildung, Neigung zu kalten Füßen, Druckstellen, Hühneraugen und Fußpilz. Und denken Sie daran: Über die Fußreflexzonen wird der ganze Organismus erreicht und energetisiert!

Sole-Bäder

- **Vollbad:** In der Regel einprozentige Sole (1 kg Salz bzw. 4 Liter gesättigte Sole auf 100 Liter Wasser). Temperatur 37° C. Die Solekonzentration kann bis zu 5% gesteigert werden.
- **Sitzbad:** 3%ige bis 8%ige Sole (300 - 800 g Salz bzw. 1,2 bis 3,2 Liter gesättigte Sole auf 10 Liter Wasser). Temperatur 37° C.
- **Fußbad:** 3%ige bis 8%ige Sole (30 - 80 g Salz bzw. 1,2 bis 3,2 Liter gesättigte Sole auf 10 Liter Wasser). Temperatur 37° - 40° C.

Sole-Inhalation

Sole-Inhalationen sind ein altbewährtes Heilmittel bei Atemwegserkrankungen, Erkältungen, Heuschnupfen u. ä. Man beginnt mit einer einprozentigen Sole. Bei Erkrankungen der tieferen Atemwege ist es aber ratsam, die Konzentration von Anwendung zu Anwendung langsam zu steigern, u. U. bis auf 8%

Sole-Inhalation

Lösen Sie 10 g Salz bzw. 40 ml gesättigte Sole in 1 Liter Wasser auf und erhitzen Sie diese Sole, bis sich Dampf entwickelt. Bedecken Sie Ihren Kopf mit einem Handtuch und halten Sie ihn so über den Dampf, daß Sie ihn gut einatmen. Inhalieren Sie etwa 15 Minuten lang.

Nasenspülung

Als Begleitung zu anderen Reinigungs- und Entgiftungsmaßnahmen wie z. B. Fasten oder Teilfasten; bei akutem oder chronischem Schnupfen bzw. Nebenhöhlenentzündungen, Heuschnupfen.

Zur Nasenspülung gibt es spezielle Kännchen aus Porzellan oder Glas, auch Nasenduschen. Man bekommt diese in Apotheken oder in Geschäften bzw. im Versandhandel für alternative Gesundheitsartikel, meist dort, wo es Yoga-Matten u. ä. gibt. Denn auch die Tradition, die Nase durch Spülungen zu reinigen, kommt aus dem Yoga. Sie können aber die Sole zur Not auch aus der hohlen Hand in die Nase aufziehen. Für die Nasenspülung wird ebenfalls eine einprozentige Sole verwendet.

Nasenspülung

Lösen Sie 2 g Salz bzw. 8 ml gesättigte Sole in 200 ml lauwarmem Wasser auf. Halten Sie Ihren Kopf über das Waschbecken und setzen Sie den Schnabel des Kännchens an ein Nasenloch an. Beugen Sie Ihren Kopf leicht zur Seite, so daß die Sole gut in dieses Nasenloch fließen kann. Sie wird dann aus dem anderen Nasenloch wieder herausfließen. Die Nase anschließend ausschneuzen.

Mund- und Zahnpflege

Sole ist auch ein gutes Zahnpflegemittel. Sie beugt der Zahnsteinbildung und Karies vor und hilft, daß die Entzündungen bei Parodontose abheilen. Putzen Sie Ihre Zähne mit konzentrierter Sole oder streuen Sie Salz auf Ihre Zahnbürste. Massieren Sie auch Ihr Zahnfleisch damit und bewegen Sie die Sole im Mund, pressen Sie zwischen den Zähnen und gurgeln Sie mit der Sole. Auch käufliche Sole-Zahnpasta hat sich hier bewährt.

Zähneputzen

Konzentrierte Sole oder pures, gemahlenes Steinsalz direkt auf die Zahnbürste geben oder käufliche Sole-Zahnpasta verwenden.

Sole ist auch ein bewährtes Gurgelmittel bei Erkältungen und Halsentzündungen oder für Mundspülungen bei Entzündungen der Mundschleimhäute. Hier verwenden Sie am besten eine einprozentige Sole.

Gurgeln

2 g Salz bzw. 4 ml gesättigte Sole in 100 ml lauwarmem Wasser.

Sole-Umschläge

Bei Leber- und Gallenbeschwerden oder Krämpfen im Magen-Darm-Bereich ist ein heißer Umschlag mit Sole hilfreich.

Heißer Umschlag

50 bis 100 g Salz bzw. 200 bis 400 ml gesättigte Sole in einem halben Liter heißem Wasser auflösen. Baumwolltuch eintauchen, auswringen

und auf die schmerzende Stelle legen. Mit einem Handtuch abdecken und den gesamten Bauch mit einem weiteren Frottiertuch umwickeln. Auf diese Weise mindestens 30 Minuten ruhen.

Kalte Sole-Umschläge sind hilfreich bei Gelenksentzündungen und als Wadenwickel, um Fieber zu senken.

Kalter Umschlag

50 bis 100 g Salz bzw. 200 bis 400 ml gesättigte Sole in einem halben Liter kaltem Wasser auflösen. Baumwolltuch eintauchen, auswringen und auf die Waden bzw. die schmerzende Stelle legen. Mit einem Handtuch abdecken und umwickeln.

Salz-Socken

Salzsocken verhelfen nicht nur zu einem guten Schlaf, sondern entschlacken und hemmen Fußpilz. (Wenn der Fußpilz sehr hartnäckig ist, kann man auch feines Salz in die Baumwollsocken streuen, die man tagsüber trägt.) Wenn Sie kalte Füße haben, sollten Sie zuvor ein warmes Fußbad nehmen, so daß sie gut durchwärmt sind. Evtl. nehmen Sie zusätzlich eine Wärmflasche mit ins Bett.

Salz-Socken

Ein Teelöffel gemahlenes Salz bzw. zwei Eßlöffel gesättigte Sole in $\frac{1}{4}$ Liter Wasser auflösen. Baumwollsocken vor dem Schlafengehen in diese Sole tauchen, gut auswringen und anziehen. Darüber ein weiteres Paar Socken aus echter Wolle.

Sole-Einreibungen

... können zur Hautpflege, bei Hautunreinheiten, bei Akne, bei Hauterkrankungen, bei Hautverletzungen, Insektenstichen, aber auch bei

Entzündungen, Schmerzen und Verletzungen der Gelenke und Weichteile eingesetzt werden. Wenn Sie Ihre Haut regelmäßig mit Sole behandeln, wird sie schön weich und glatt.

Sole-Einreibungen

- **Offene Hautstellen** werden immer nur mit einer einprozentigen Sole benetzt (1 g Salz / 4 ml gesättigte Sole auf 100 ml Wasser).
- **Unreine Haut** wird mit 3%iger bis 8%iger Sole behandelt (3 - 8 g Salz / 12 - 32 ml gesättigte Sole auf 100 ml Wasser).
- **Eiterpickel, Herpesbläschen und Insektenstiche** werden am besten direkt mit der gesättigten Sole befeuchtet. Wenn man Herpesbläschen im Entstehen behandelt, kommen sie u. U. gar nicht erst vollständig zum Ausbruch.

Salzpeeling

Tragen Sie einmal pro Woche gesättigte Sole auf die Gesichtshaut auf und massieren Sie diese in kleinen kreisenden Bewegungen ein. Lassen Sie die Sole 5 Minuten einwirken und spülen dann mit warmem Wasser ab. Auf diese Weise werden abgestorbene Hautzellen entfernt und die Haut wird gut gereinigt und erholt sich.

Sole-Anwendungen und andere Naturheilverfahren

Sole-Anwendungen lassen sich gut mit anderen Naturheilverfahren wie z. B. der Kräuterheilkunde und Aromatherapie kombinieren:

Kräuterheilkunde

Alle genannten Soleanwendungen lassen sich mit passenden Kräutern kombinieren. Am besten ist es, die Kräuter als nichtalkoholische (!) Auszüge oder Tee unmittelbar bei der Soleanwendung hinzuzugeben.

Aromatherapie

Auch ätherische Öle können die Wirkung der genannten Soleanwendungen unterstützen. Dabei können wir zudem eine weitere Eigenschaft des Salzes nutzen: Salz hilft, fettlösliche ätherische Öle im Wasser zu emulgieren. Wenn wir die Öle im Mörser mit gemahlenem Salz verreiben und dieses dann im Wasser lösen, so wird auch das normalerweise nicht wasserlösliche ätherische Öl vom Wasser aufgenommen. Es verfliegt daher z. B. bei Bädern nicht so schnell, und so gewährt Badesalz einen längeren sinnlichen Genuß!

Akne – Heilstollen, Sole-Bäder, Sole-Einreibungen, Sole-Darmkur

Allergien – Heilstollen, Salzsteine, Steinsalz-Leuchten, Sole-Trinkkur

Ängste – Salzsteine, Steinsalz-Leuchten (orange, gelb)

Anspannung – Steinsalz-Leuchten, Sole-Bäder

Antriebslosigkeit – Salzsteine, Steinsalz-Leuchten, Sole-Darmkur

Ärger – gemahlenes Salz (Salzkreis)

Asthma – Heilstollen, Salzsteine, Steinsalz-Leuchten, Sole-Vollbad, Sole-Darmkur

Atembeschwerden – Heilstollen, Salzsteine, Steinsalz-Leuchten, Sole-Inhalation, Sole-Darmkur

Atmosphäre, geklärte – gemahlenes Salz (Salzkreis), Steinsalzleuchten

Ausgeglichenheit – Salzsteine, Steinsalz-Leuchten

Ausscheidung – Sole-Trinkkur, Sole-Darmkur

Bindegewebe – Sole-Trinkkur, Sole-Bäder, Sole-Darmkur

Blasenbeschwerden – Sole-Trinkkur, Sole-Bäder

Blut – Sole-Trinkkur, Steinsalz-Leuchten (rot)

Blutergüsse – gemahlenes Salz (Kältesäckchen), Sole-Einreibungen

Bluthochdruck – Sole-Trinkkur, Steinsalz-Leuchten (blau)

Bronchitis – Heilstollen, Salzsteine, Steinsalz-Leuchten, Sole-Inhalation, Sole-Trinkkur, Sole-Darmkur

Darmbeschwerden – Sole-Darmkur, Sole-Trinkkur, Sole-Umschlag (heiß), Steinsalz-Leuchten (orange)

Depression – Salzsteine, Steinsalz-Leuchten (gelb, orange)

Durchblutung – Salzsteine, gemahlenes Salz (Wärmesäckchen), Sole-Trinkkur, Sole-Bäder

Einflüsse, negative – gemahlenes Salz (Salzkreis), Salzsteine

Entgiftung & Entschlackung – Sole-Trinkkur, Sole-Darmkur, Sole-Bäder, gemahlenes Salz, Nasenspülung, Salz-Socken

Entspannung – Steinsalz-Leuchten, gemahlenes Salz (Wärme-säckchen)

Entzündungen – Heilstollen, Sole-Einreibungen

Erholung – Steinsalz-Leuchten

Erkältungen – Sole-Trinkkur, Sole-Inhalation, Gurgeln mit Sole, gemahlenes Salz (Wärmesäckchen)

Erschöpfung – Salzsteine, Steinsalz-Leuchten, Sole-Darmkur

Fastenunterstützung – Nasenspülung, Sole-Bäder

Fieber (senken) – Sole-Umschlag (kalt)

Flexibilität, geistige – Salzsteine, Steinsalz-Leuchten

Frei sein (Gefühl) – Salzsteine, Steinsalz-Leuchten (weiß, blau), Sole-Darmkur, gemahlenes Salz (Salzkreis)

Frohsinn – Steinsalz-Leuchten (orange)

Füße (div. Beschwerden) – Salzsteine, Sole-Fußbad, Salz-Socken

Gallenbeschwerden – Sole-Umschlag (heiß)

Gedächtnis, Konzentration – Steinsalz-Leuchten (weiß)

Gelenke – Sole-Einreibungen, Sole-Umschlag (kalt), gemahlenes Salz (Säckchen), Sole-Darmkur

Gesicht – Sole-Einreibungen, Salzpeeling

Gewohnheiten ändern – Salzsteine, Steinsalz-Leuchten (weiß, blau)

Gleichgewicht, inneres – Steinsalz-Leuchten

Gliedmaßen, Beweglichkeit – Salzsteine, Sole-Bäder

Glück – Steinsalz-Leuchten (gelb)

Halsentzündung – Sole-Inhalationen, Gurgeln mit Sole

Hämorrhoiden – Sole-Sitzbad, Sole-Darmkur

Hände, kalte – Salzsteine

Harmonie im Leben – Steinsalz-Leuchten

Haut – Heilstollen, Salzsteine, Steinsalz-Leuchten, Sole-Trinkkur, Sole-Darmkur, Sole-Bäder, Sole-Einreibungen, Salzpeeling

Heiterkeit – Steinsalz-Leuchten (orange)

Herpes – Sole-Einreibungen

Herz – Sole-Trinkkur

Heuschnupfen – Heilstollen, Nasenspülung, Sole-Inhalation, Sole-Darmkur

Hühneraugen – Sole-Fußbad

Husten – Heilstollen, Salzsteine, Sole-Inhalation, Sole-Trinkkur

Immunsystem – Sole-Trinkkur, Sole-Darmkur

Insektenstiche – Sole-Einreibungen

Karies – Sole-Zahnpflege

Klarheit, Klärung – Salzsteine, Steinsalz-Leuchten, Salzquellen

Kopf (klarer) – Salzsteine, Sole-Trinkkur, Sole-Darmkur

Kreislauf – Sole-Trinkkur, Steinsalz-Leuchten (rot), gemahlenes Salz (auf die Zunge)

Lebensbejahung – Steinsalz-Leuchten (gelb, orange)

Leberbeschwerden – Sole-Umschlag (heiß), Sole-Darmkur

Lymphe – Sole-Trinkkur

Magen – Sole-Trinkkur, Sole-Umschlag (heiß), Steinsalz-Leuchten

Melancholie – Salzsteine, Steinsalz-Leuchten

Menstruationsbeschwerden – Sole-Trinkkur

Müdigkeit – Steinsalz-Leuchten, Sole-Trinkkur, Sole-Darmkur

Mundschleimhaut – Gurgeln mit Sole

Muskeln – Sole-Trinkkur, gemahlenes Salz (Wärmesäckchen)

Nachdenken – Steinsalz-Leuchten (weiß)

Nebenhöhlenentzündung – Nasenspülung, Sole-Inhalation, Sole-Darmkur

Nerven – Steinsalz-Leuchten (gelb), Sole-Trinkkur, Sole-Vollbad

Neubeginn im Leben – Salzquellen

Neurodermitis – Heilstollen, Salzsteine, Steinsalz-Leuchten, Sole-Vollbad, Sole-Darmkur

Nieren – Sole-Trinkkur

Ohrenschmerzen – gemahlenes Salz (Wärmesäckchen)

Optimismus – Salzsteine, Steinsalz-Leuchten (orange, gelb)

Ordnung – Salzsteine, Steinsalz-Leuchten

Parodontose – Sole-Zahnpflege

Prellungen – gemahlenes Salz (Kältesäckchen)

Pseudo-Krupp – Heilstollen, Salzsteine, Steinsalz-Leuchten

Reichtum, innerer – Salzsteine, Steinsalz-Leuchten

Reinigung – Salzquellen, gemahlenes Salz (Salzkreis), Sole-Trinkkur, Sole-Darmkur, Nasenspülung, Steinsalz-Leuchten

Scheide (Ausfluß, Pilze, Trockenheit) – Sole-Sitzbad

Schlaf (besserer) – Heilstollen, Salz-Socken, Sole-Darmkur

Schmerzen – Salzsteine, gemahlenes Salz (Wärmesäckchen), Sole-Einreibungen

Schnupfen – Nasenspülung, Sole-Trinkkur

Schuppenflechte – Sole-Bäder, Sole-Darmkur

Schutz – Salzsteine, Steinsalz-Leuchten

Schwäche – Salzsteine, Steinsalz-Leuchten, Sole-Trinkkur, Sole-Darmkur

Schwellungen – gemahlenes Salz (Kältesäckchen)

Sorglosigkeit – Steinsalz-Leuchten (gelb)

Stimmung verbessernd – Steinsalz-Leuchten (gelb), Salzsteine, gemahlenes Salz (Salzkreis)

Stoffwechsel fördernd – Salzsteine, Sole-Trinkkur, Sole-Darmkur

Streit, Zwist – gemahlenes Salz (Salzkreis)

Unglück – gemahlenes Salz (Salzkreis)

Unruhe, innere – Salzsteine, Steinsalz-Leuchten

Verdauung – Sole-Trinkkur, Sole-Darmkur, Steinsalz-Leuchten (gelb)

Verhaltensmuster ändern – Salzsteine, Steinsalz-Leuchten

Verjüngung – Salzquellen

Verletzungen – gemahlenes Salz (Kältesäckchen), Sole-Einreibungen

Verspannungen – Salzsteine, gemahlenes Salz (Wärmesäckchen), Sole-Bäder

Verstauchung – gemahlenes Salz (Kältesäckchen)

Verwirrung (geistige) – Salzsteine, Steinsalz-Leuchten (weiß)

Vitalität – Steinsalz-Leuchten, Sole-Darmkur

Wachstum (geistiges) – Steinsalz-Leuchten (rot)

Wohlbefinden – Steinsalz-Leuchten

Zahnstein – Sole-Zahnpflege

Ziele im Leben – Salzsteine, Steinsalz-Leuchten

Dank

Wir möchten uns hiermit bei allen bedanken, die uns mit Rat und Tat, mit kritischer Begutachtung unseres Manuskripts und mit Abbildungen, Informationen und Recherchen bei der Verwirklichung dieses Buchs unterstützt haben. Unser herzlicher Dank geht an Anita Schöpf vom Steinheilkunde e.V., Annette Jakobi von der Cairn Elen Lebensschule Tübingen, Walter von Holst vom Steinkreis, Stuttgart, Azim Ali von Pakistan Fair Trade, Dagmar Fleck, Marco Schreier, Sabine Schneider-Kühnle, Ines Blersch, Wolfgang Dengler, Alexander Heck sowie die Städtischen Museen Heilbronn, das Stadt- und Bädermuseum in Bad Salzuflen und das Stadtarchiv Bad Kissingen. Ganz besonders danken wir Fred Hageneder von Dragon Design für die gelungene Gestaltung sowie unserem Verleger Andreas Lentz von Neue Erde für die sofortige Zustimmung zu unserem Projekt.

Abbildungsnachweis

Bibliografie

Arzt, Volker, *Als Deutschland am Äquator lag*, Rowohlt Verlag, 2001

Bad Reichenhaller Salzbibliothek Bd. II

Batmanghelidj, Faridun, *Wasser – die gesunde Lösung*, Kirchzarten 1996

Beck, Dr. med. dent. / Oetinger, Ingeborg, *Gesammeltes Wissen*, Fundgrube Gesundheit und Leben, Bd. 3, Öhringen 2002

Botsch/Höfling/Mauch, *Chemie*, Diesterweg/Salle, Frankfurt 1977

Braunschweig-Pauli, Dagmar, *Jod-krank – Der Jahrhundert-Irrtum*, Andechs 2000

Bruker, Dr. med. M. O., Ziegelbecker, Rudolf, *Vorsicht Fluor*, Lahnstein 1986

»Das Salz in unserer Suppe«, in: *Dr. Pandalis Naturprodukte Urheimische Notizen 1/2002,*

Fey, Dr. med. Christian, *Kneipp – Meine Wasserkur*, München 1954

Gienger, Michael, *Das aktuelle Thema: Salzkristall-Lampen*, Steinheilkunde e.V., Stuttgart 1999

Gienger, Michael, *Das Salz*, Karfunkel-Steinheilkunde-Information Nr. 24, Wüstenrot 1995

Gienger, Michael, *Die Steinheilkunde*, Neue Erde Verlag, Saarbrücken 1995

Gienger, Michael, *Lexikon der Heilsteine*, Neue Erde Verlag, Saarbrücken, 3. Auflage 2000

Goldschmidt, *Geochemistry*, Clarendon Press, Oxford 1954

Handwörterbuch des deutschen Aberglaubens, Walter de Gruyter Verlag, 1937

Hauschka, Rudolf, *Substanzlehre*, Vittorio Klostermann, Frankfurt 1976

Hendel, Dr. med. Barbara/Ferreira, Peter, *Wasser & Salz*, Herrsching 2001

Herrmann/Wild/Wegener, *Heilbronner Salz*, Städtische Museen Heilbronn, 1984

Hopfenzitz, Petra, *GU Kompass Mineralstoffe*, 1990 München

Klockmann, Friedrich, *Lehrbuch der Mineralogie*, Enke Verlag, Stuttgart 1978

Krahe/Schmidt/Gienger, *Steinsalz*, Im Osterholz Verlag, Ludwigsburg 1996

Maier, Wolfgang, *Der Mondschild*, Neue Erde Verlag, Saarbrücken 2001

Pelke, Julia, »Tausendmal recycelt und immer wieder neu«, in: *General-Anzeiger*, Bonn, Bonner Zeitungsdruckerei und Verlagsanstalt Neusser GmbH, Justus-von-Liebig-Str. 15, 53100 Bonn, Lokalausgabe *Bonner Stadtanzeiger*, Dienstag, 12. November 1996;

Press/Siever, *Allgemeine Geologie*, Spektrum Akademischer Verlag, Heidelberg 1995

Rösler, Hans Jürgen, *Lehrbuch der Mineralogie*, Dt. Vlg. für Grundstoffindustrie, Leipzig 1979

Treml/Riepertinger/Brockhoff, *Salz macht Geschichte*, Haus der Bayerischen Geschichte, 1995

Wenzel, Klaus-Georg, *Spurenelemente*, 1999

Yiamouyiannis, Dr. John, *Früher alt durch Fluoride*, Ritterhude 1988

www.wasserundsalzinfo.de
www.salzbergwerk-berchtesgaden.de
www.shop-salzbergwerk.de

Adressen

Michael Gienger und Gisela Glaser erreichen Sie über folgende Adressen. Hier erhalten Sie auch Informationen über Beratung, Therapie, Vorträge, Seminare und Ausbildungen in verschiedenen Gebieten der Naturheilkunde.

Cairn Elen Lebensschule Tübingen

Michael Gienger & Annette Jakobi
Stäudach 58/1
D - 72074 Tübingen
Tel. 07071 - 364 719
Fax 07071 - 388 68
info@cairn-elen.de
www.cairn-elen.de

Naturheilpraxis

Gisela Glaser
Oberensinger Str. 20
D - 72622 Nürtingen
Tel. 070 22 - 678 70
Fax 070 22 - 969 300
info@gisela-glaser.de
www.gisela-glaser.de

Für spezielle Fragen zur Steinheilkunde oder zu Heilsteinen etc. wenden Sie sich bitte an:

Steinheilkunde e.V. &
Forschungsprojekt Steinheilkunde
Geschäftsstelle
Unterer Kirchberg 23 / 1
D - 88273 Fronreute
Tel. 075 05 - 956 451
Fax 075 05 - 956 452
info@steinheilkunde-ev.de
www.steinheilkunde-ev.de

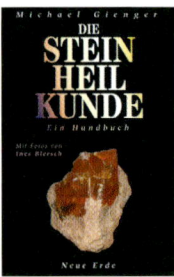

Michael Gienger

Die Steinheilkunde

Das erste Handbuch, das die Steinheilkunde als eigenständige Heilweise vorstellt und mit den o.g. Prinzipien einen Schlüssel bietet, mit dem jede/r selbst die Wirkungsweise eines Steins aus dessen mineralogischen Eigenschaften ableiten kann.

Neue Erde Verlag, 420 S., Paperback oder Hardcover

Michael Gienger

Lexikon der Heilsteine

Das derzeit umfangreichste farbig bebilderte Nachschlagewerk der Steinheilkunde. Mehr als 450 Gesteine, Mineralien und Varietäten werden präzise in ihren mineralogischen und heilkundlichen Eigenschaften beschrieben. Eine gut verständliche Einführung sowie ein umfangreicher Index runden das Werk ab.

Neue Erde Verlag, 576 Seiten, Hardcover

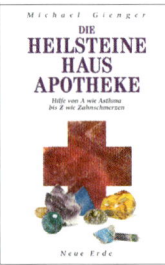

Michael Gienger

Die Heilsteine Hausapotheke

Hier gesucht, heißt schnell gefunden! In diesem zuverlässigen, praxiserprobten Ratgeber werden über 230 Erkrankungen bzw. seelische Beschwerden besprochen sowie die Möglichkeiten und Grenzen ihrer steinheilkundlichen Therapie erläutert.

Neue Erde Verlag, 224 Seiten, Paperback

Luna S. Miesala-Sellin, Michael Gienger

Bachblüten und Heilsteine

Das Ganze ist mehr als die Summe der Teile – das zeigt sich auch in der Ergänzung von Bachblüten und Heilsteinen: Wo Vergänglichkeit und Beständigkeit sich begegnen, entsteht etwas neues – der spontane Moment der Heilung!

Neue Erde Verlag, ca. 200 Seiten, Paperback

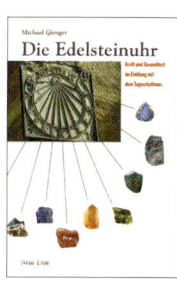

Michael Gienger

Die Edelsteinuhr

Kraft und Gesundheit im Einklang mit dem Tagesrhythmus. Die Organuhr als Hilfe zur Gesundheitsvorsorge. Edelsteine als Hilfe, Gesundheit zu stabilisieren und den Lebensrhythmus zu harmonisieren.

Neue Erde Verlag, 160 Seiten, Paperback

Cairn Elen

Steinheilkunde – Ursprung und Entwicklung einer natürlichen Heilweise

Der Leitfaden der Cairn Elen Lebensschulen bietet alles Wissenswerte über die Herkunft, Entwicklung und moderne Praxis der Steinheilkunde.

Neue Erde Verlag, 64 Seiten, Paperback

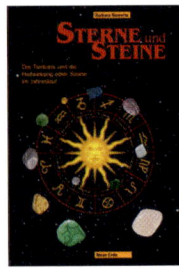

Barbara Newerla
Sterne und Steine
Ein praxisorientiertes Buch, das die Grundlagen der Astrologie leicht verständlich erläutert und mit der Analytischen Steinheilkunde in Verbindung bringt.
Im Osterholz Verlag, 176 Seiten, Hardcover

Barbara Newerla, Peter Newerla
Strahlung und Elektrosmog
Ein hervorragendes Buch für den Umgang mit einer inzwischen allgegenwärtigen Gefahr. Die Autoren klären sachlich und verständlich über unsere moderne Situation auf und zeigen viele einfache Möglichkeiten der Abhilfe auf.
Neue Erde Verlag, 256 Seiten, Paperback

Bernhard Bruder
Geschönte Steine
Ein informatives Werk, das in einer für Laien verständlichen Sprache über Behandlungen von Edelsteinen informiert und aufzeigt, wie man sich vor Fälschungen schützen kann. Mit vielen Farbabbildungen echter und behandelter Steine.
Neue Erde Verlag, 128 Seiten, Hardcover

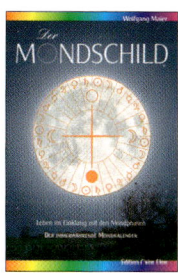

Wolfgang Maier
Der Mondschild
Leben im Einklang mit dem Mond – von Wolfgang Maier einmal ganz anders dargestellt, als in den gängigen Mondbüchern und -kalendern. Ein wichtiges Buch für ein tieferes Verständnis unseres Lebensrhythmus.
Neue Erde Verlag, 256 Seiten, Paperback

Petra Gehringer

GEOMANTIE – Wege zur Ganzheit von Mensch und Erde

Eine umfassende Übersicht über alle Bereiche der Geomantie. Der Hauptteil des Buches besteht aus praktischen Anregungen zur Heilung der Erde durch Geomantie.

Neue Erde Verlag, 416 Seiten, Paperback

Nigel Pennick

Handbuch der angewandten Geomantie

Der Neubegründer der Geomantie, Nigel Pennick, hat in einer Reihe von gestrafften Kapiteln das Wissen gebündelt, das uns als Grundlage für den Einstieg in die geomantische Praxis heute dienen kann.

Neue Erde Verlag, 112 Seiten, Paperback

Fred Hageneder

Geist der Bäume – Eine ganzheitliche Sicht des Wesens der Bäume

Dieses Buch beschreibt die uralte tiefe Freundschaft zwischen Mensch und Baum. Es führt uns in das Innere der Körper der Bäume, erklärt die elektromagnetischen Kraftfelder und wie Bäume mit Hilfe von Licht kommunizieren. Und es führt uns zum Geist der Bäume, der in jeder Baumart eine andere Ausprägung annimmt.
Neue Erde Verlag, 384 Seiten, Paperback

Tanis Helliwell

Elfensommer – Meine Begegnung mit den Naturgeistern

Leicht lesbar und auf unterhaltsame Weise bringt uns die Autorin Tanis Helliwell die Welt der Elfen, Devas und Elementale näher – und selbst Skeptiker werden ihr Vergnügen haben und ins Nachdenken kommen.
Neue Erde Verlag, 224 Seiten, Paperback

»Nachdem Elen ihre Wanderung durch die Welt vollendet hatte, setzte sie einen Cairn ans Ende des Sarn Elen. Dann wandte sich ihr Weg zurück ins Land zwischen Abend und Morgen. Aus diesem Cairn stammen alle Steine, die bis heute an den Kreuzungen der Wege die Richtung weisen.«[*]

(aus einer keltischen Sage)

»Cairn Elen« – so werden im gälischen Sprachraum die alten Steinsetzungen am Wegesrand genannt. Der Überlieferung nach wurden sie von Elen, der Göttin der Wege, als Wegweiser dorthin gesetzt. Sie markieren die geistigen Pfade, sowohl die Pfade der Erde als auch die Pfade des Wissens.

Diese Pfade geraten zunehmend in Vergessenheit. So wie die alten Pfade der Erde unter den modernen Asphaltstraßen verschwinden, so verschwindet auch manch altes Wissen unter der Datenflut moderner Erkenntnisse. Doch müssen sich Tradition und Fortschritt tatsächlich bekämpfen? Gilt es nicht eher, Wissen aus alter Zeit zu bewahren und mit modernen Erkenntnissen zu verbinden? Die Schätze der Vergangenheit und das Potential der Gegenwart in einer blühenden Zukunft zu verwirklichen? Für dieses Ziel und diesen Anspruch steht der Name »Cairn Elen«.

Edition Cairn Elen

Die Edition Cairn Elen im Neue Erde Verlag wird von Michael Gienger herausgegeben. Ziel der Edition ist es, bislang unveröffentlichtes Wissen aus Forschung und Tradition vorzustellen. Schwerpunkte sind Natur, Heilkunde und Gesundheit sowie Bewußtsein und geistige Freiheit.

[*] kelt. »cairn [sprich: kärn]« = »Stein«, »sarn« = »Weg«, »Elen, Helen« = »Göttin der Wege«

Natur: Wir Menschen sind ein Teil der Natur. Sie ist unsere Lebensgrundlage. Aus ihr beziehen wir unsere Kraft, sie garantiert unsere Gesundheit. Die lebende Natur zu verstehen, gibt uns eine wichtige Orientierung für unser Dasein auf der Erde. Ein Schwerpunkt der Edition Cairn Elen sind daher die Natur- und Lebensrhythmen.

Heilkunde und Gesundheit: Der beste Arzt für uns selbst sind wir selbst. Wir treffen die wesentlichen Entscheidungen für unseren Lebensstil, unsere Tätigkeiten, unsere Ernährung und alle sonstigen Faktoren unseres Lebens. Daher liegen die Wurzeln für Gesundheit oder Krankheit primär in uns selbst. Weitere Schwerpunkte der Edition Cairn Elen sind somit der Schutz der Gesundheit und die natürlichen Wege der Heilung.

Bewußtsein und geistige Freiheit: Woher komme ich? Wohin gehe ich? Wer bin ich? Was ist das Ziel meines Lebens? Diese Fragen stellen sich uns immer wieder. Die Antworten, die wir hierzu finden, tragen wesentlich zu Sinn, Glück und Erfüllung im Leben bei. Ein wichtiger Schwerpunkt der Edition Cairn Elen ist daher die Auseinandersetzung mit der Philosophie und den spirituellen Traditionen aller Völker und Kulturen. Ziel dabei ist stets die geistige Freiheit und das Wohl aller Wesen.

Neben aktueller Fachliteratur werden im Rahmen der Edition Cairn Elen auch Erzählungen, Märchen, Romane, Lyrik und künstlerische Veröffentlichungen publiziert. Das vermittelte Wissen wendet sich nicht nur an den Kopf, sondern auch an das Herz der Menschen.

Kontakt: Edition Cairn Elen, Michael Gienger, Stäudach 58/1, D-72074 Tübingen, Tel. 07071/364719, Fax: 07071/38868, info@cairn-elen.de, www.cairn-elen.de

Sie finden unsere Bücher in Ihrer Buchhandlung oder im Internet unter
www.neueerde.de

Bücher suchen unter: www.buchhandel.de. (Hier finden Sie alle lieferbaren Bücher und eine Bestellmöglichkeit über eine Buchhandlung Ihrer Wahl.)

Bitte fordern Sie unser Gesamtverzeichnis an unter

NEUE ERDE Verlag
Cecilienstr. 29 · D-66111 Saarbrücken
Fax: 0681 390 41 02 · info@neueerde.de